Selenium을 활용한 테스트 자동화 2/e

Selenium을 활용한 테스트 자동화 2/e

W3C 표준 웹드라이버로 만드는 테스트 스크립트

언메시 건데차 · 사티야 아바사알라 지음 김유성 옮김

에이콘

| 지은이 소개 |

언메시 건데차 Unmesh Gundecha

애자일 소프트웨어 개발, 테스트 자동화, 데브옵스 방법론에 16년 이상의 경력이 있으며 애자일, 오픈소스, 데브옵스 에반젤리스트로서 다양한 도구와 기술에 대한 경험이 풍부하다. 최고의 오픈소스와 상용 소프트웨어 도구를 사용해 웹, 모바일 플랫폼, API, CLI 애플리케이션에서 지속적 통합과 배포 파이프라인을 통해 유지보수 가능하면서 반복 가능한 테스트 자동화 솔루션 구축에 대한 경험이 많다.

팩트출판사에서 출간한 『Selenium 웹드라이버 테스트 자동화』(에이콘, 2014)와 『Learning Selenium Testing Tools with Python』(2014)의 저자기도 하다.

이 책을 쓰도록 제안해준 Rushi Vesmawala와 책의 방향을 잡아준 Deepti Thore에게 감사한다. 유용한 피드백을 준 Pallavi Sharma에게도 감사한다. 책을 쓰도록 도와준 아내 Punam과 아이들 Aarav과 Ira에게도 감사한다. 끝으로 너무나 훌륭한 도구를 만들어준 셀레늄 개발자와 커뮤니티에 큰 감사를 보낸다.

사티야 아바사알라Satya Avasarala

개발과 테스트 자동화 분야에서 경험이 풍부하다. 전산학 엔지니어로 지금까지 수년간 웹드라이버를 사용해 자동화 프레임워크를 구축해왔다. 오라클과 야후, VMWare, REA 그룹 같은 다양하고 규모가 큰 소프트웨어 회사에서 일한 경력이 있다. 서비스 지향 아키텍처Service Oriented Architectural 설계와 비즈니스 인텔리전스Business Intelligence에도 관심이 있으며, 오라클에서 인증한 서비스 지향 아키텍처 인프라 설계 전문가인 동시에 비즈니스 인텔리전스 구축 전문가이기도 하다.

| 기술 감수자 소개 |

팔라비 샤르마 Pallavi Sharma

5 Elements Learning사의 창립자로, 사전판매 팀, 마케팅 팀, 소프트웨어 테스트 도메인에서의 테스트 자동화 코치, 제품/프로젝트 매니저 같은 다양한 분야에 12년의 경력이 있다. 열정적으로 배우는 사람으로 최신 트렌드와 기술을 살펴보는 것을 좋아한다. 성공에 지름길은 없다고 굳게 믿고 있다.

| 옮긴이 소개 |

김유성(kallare@gmail.com)

자동화 기술과 실수를 줄이는 방법에 관심이 많고 꾸준히 무언가를 만드는 사람이 되고 싶다. 현재 사이냅소프트에서 웹 애플리케이션을 개발하고 있다. 번역서로는 에이콘출판사에서 출간한 『Selenium 웹드라이버 테스트 자동화』(2014), 『Selenium WebDriver 길들이기』(2016), 『타입스크립트 마스터 2/e』(2018), 『타입스크립트 실전 프로젝트』(2021) 등이 있다.

| 옮긴이의 말 |

웹 브라우저 자동화 테스트의 실질적 표준이던 셀레늄 웹드라이버가 3 버전이 되면서 이제 진짜 표준이 됐다. W3C 표준을 준수하는 브라우저라면 셀레늄을 지원하기 때문에 브라우저 자동화를 더 쉽게 작성할 수 있다.

프로젝트의 개발, 배포의 주기가 갈수록 빨라지는 추세에 자동화 테스트는 반드시 구축해야 하는 개발 프로세스의 일부가 되고 있다. 더불어 셀레늄을 둘러싼 주변의 환경도 빠르게 변화하고 있다. 이 책에서는 변화하는 환경에 맞춘 내용들을 다루고 있다. 또한 자바8에서 추가된 함수형 기능이나 셀레늄 그리드를 기반으로 하는 클라우드 서비스에 대한 내용과 데이터 주도 테스트에 대한 내용도 확인할 수 있다.

이 책을 통해 새로운 셀레늄 버전에서 달라진 부분과 이전보다 강화된 예제들을 살펴보고 테스트 자동화을 향한 여정에 도움이 됐으면 좋겠다.

| 차례 |

6장   웹드라이버 이벤트의 이해   177

| 들어가며 |

소프트웨어 개발자와 QA 엔지니어가 다양한 브라우저에 대한 웹 애플리케이션 테스트에 사용하는 브라우저 자동화 도구인 셀레늄에 대한 책이며 실무에서도 언제든 참고할 수 있는 좋은 참고서다.

셀레늄은 브라우저 자동화 도구 모음으로, 애플리케이션 테스트에 널리 사용된다. 하지만 셀레늄의 사용 범위는 테스트에 국한되지 않고 화면 캡처나 브라우저 윈도우에서의 반복 작업 자동화에도 사용할 수 있다. 셀레늄은 파이어폭스, 인터넷 익스플로러, 구글 크롬, 애플 사파리, 오페라 등 모든 주요 브라우저에서 지원한다. 셀레늄 웹드라이버는 W3C 표준이 됐으며 모든 주요 브라우저 제조사의 지원 대상이다.

▌ 이 책의 대상 독자

웹 애플리케이션 테스트 스위트 자동화를 만들려는 품질 보증/테스트 전문가, 테스트 엔지니어, 소프트웨어 개발자, 웹 애플리케이션 개발자에게 완벽한 안내서다. 기본적으로 자바 프로그래밍을 이해하고 있어야 하지만 웹드라이버나 셀레늄에 대한 지식은 없어도 된다. 이 책을 다 읽고 나면 테스트 자동화 작성에 필요한 웹드라이버의 지식을 충분히 쌓을 수 있을 것이다.

■ 이 책의 구성

1장, 웹드라이버와 웹 엘리먼트   셀레늄의 개념과 기능을 먼저 살펴본 후, 웹드라이버가 웹 페이지를 인식하는 방법으로 빠르게 넘어간다. 웹드라이버의 웹 엘리먼트에 대해 설명하고, 웹 페이지의 웹 엘리먼트를 지정해 기본적인 액션을 수행하는 방법을 알아본다.

2장, 웹 브라우저를 지원하는 다양한 웹드라이버   FirefoxDriver와 IEDriver, ChromeDriver 같은 다양한 웹드라이버 구현체를 설명한다. 헤드리스모드, 모바일 에뮬레이션, 사용자 프로필 사용 등으로 브라우저 테스트 환경을 설정하는 방법을 살펴본다. 웹드라이버가 W3C 표준이 되면서 모든 주요 브라우저에 웹드라이버 지원 기능이 내장됐다.

3장, 자바8 기능 사용   웹 엘리먼트 리스트를 스트림 API나 람다 표현식 같은 자바8의 새로운 기능으로 다루는 방법을 살펴본다. 스트림 API와 람다 표현식 같은 함수형 프로그래밍 방식으로 읽기 쉬운 테스트를 작성할 수 있다.

4장, 웹드라이버 기능 알아보기   웹 페이지 스크린샷 찍기, 자바스크립트 실행, 쿠키 다루기, 윈도우 프레임 다루기 등의 웹드라이버 고급 기능을 알아본다.

5장, 고급 사용자 인터랙션   웹드라이버의 고급 기능을 더 자세히 알아본다. 하나의 프레임에 있는 엘리먼트를 드래그 앤 드롭으로 다른 프레임으로 옮기기, 웹 엘리먼트에서 오른쪽 버튼 클릭 같은 흥미로운 예제를 다룬다.

6장, 웹드라이버 이벤트의 이해   웹드라이버 관점에서의 이벤트 처리를 살펴본다. 웹 엘리먼트의 값 변경, 브라우저의 뒤로 가기, 스크립트 실행 완료와 같은 이벤트를 살펴본다. 이벤트를 이용해 접근성 체크 및 성능 체크도 가능하다.

7장, 리모트 웹드라이버 살펴보기   리모트 웹드라이버와 셀레늄 단독 서버를 사용해 원격 기기에서 테스트를 실행하는 방법을 살펴본다. RemoteWebDriver 클래스로 원격 기기에서 실행되는 셀레늄 단독 서버와 통신해 원격 기기에 설치된 특정 브라우저에 명령을 전달해 실행할 수 있다. 가장 많이 사용하는 사례는 브라우저 호환성 테스트다.

8장, 셀레늄 그리드   셀레늄에서 가장 중요하고 흥미로운 기능인 셀레늄 그리드를 살펴본다. 셀레늄 그리드를 사용해 자동화 테스트를 분산 컴퓨팅 환경에서 실행할 수 있다. 허브와 노드를 조합해 크로스 브라우저 테스트를 실행한다. 분산구조에서는 테스트를 병렬로 실행할 수도 있다.

9장, 페이지 객체 패턴   페이지 객체 패턴으로 잘 알려진 설계 패턴을 다룬다. 입증된 방식의 설계 기법을 통해 더 수월하게 자동화 프레임워크를 구축할 수 있다.

10장, Appium을 이용한 iOS와 안드로이드 테스트   iOS와 안드로이드 플랫폼에서 Appium을 이용해 자동화 테스트 스크립트에서 웹드라이버를 사용하는 방법을 살펴본다.

11장, TestNG로 수행하는 데이터 주도 테스트   TestNG로 데이터 주도 테스트 기법을 살펴본다. 데이터 주도 테스트 접근 방법을 통해 하나의 테스트를 재사용하며 다양한 테스트 데이터 세트에 대한 커버리지를 확인할 수 있다.

▌ 준비 사항

이 책은 독자가 프로그래밍에 대한 기본적 개념을 알고 있다고 가정한다. 코드 예제에서 웹드라이버의 다양한 기능을 사용하고 있기에 가급적이면 자바에 대해 알고 있으면 좋다. 책에 나오는 예제에 필요한 도구는 다음과 같다.

1. 오라클 JDK8
2. 이클립스 IDE
3. 메이븐 3.x 버전
4. 구글 크롬
5. 모질라 파이어폭스
6. 인터넷 익스플로러나 엣지(윈도우에서)
7. 애플 사파리
8. Appium

자바 설치

책에서 웹드라이버의 다양한 기능을 보여주는 모든 코드 예제는 자바로 쓰여 있다. 예제를 보며 코드를 작성하려면 자바 개발자 키트를 설치해야 한다.

오라클 자바의 최신 버전(자바17)은 https://www.oracle.com/java/technologies/downloads/에서 다운로드할 수 있으며, 자바8의 경우는 https://www.oracle.com/kr/java/technologies/javase/javase8-archive-downloads.html에서 다운로드할 수 있다.

이클립스 설치

이 책은 실제로 웹드라이버 예제를 작성하고 실행하는 방법을 기술하고 있다. 따라서 쾌적한 작업 환경을 위해 자바 IDE를 설치하는 것이 좋다. 이클립스는 자바 커뮤니티에서 많이 사용하는 IDE로, https://www.eclipse.org/downloads/에서 다운로드한다.

예제 코드 다운로드

이 책에서 사용된 예제 코드는 http://www.packt.com의 계정에서 다운로드할 수 있다. 이 책을 다른 곳에서 구입한 경우 http://www.packtpub.com/support를 방문해 등록하면 파일을 이메일로 받아볼 수 있다.

또한 깃허브 https://github.com/PacktPublishing/Selenium-WebDriver-3-Practical-Guide-Second-Edition에서도 예제 코드를 다운로드할 수 있으며, 에이콘 출판사의 도서 정보 페이지인 https://github.com/AcornPublishing/selenium-webdriver-2e에서도 동일한 예제 코드를 다운로드할 수 있다.

컬러 이미지 다운로드

책에 사용된 스크린샷 및 그림의 컬러 이미지를 PDF 파일로 제공한다. https://www.packtpub.com/sites/default/files/downloads/SeleniumWebDriver3PracticalGuide SecondEdition_ColorImages.pdf에서 다운로드할 수 있다.

편집 규약

이 책에는 다양한 편집 규약이 있다.

본문의 코드: 본문의 코드, 데이터베이스 테이블 이름, 폴더 이름, 파일 이름, 파일 확장자, 파일 경로, 더미 URL, 사용자 입력, 트위터 핸들은 다음과 같이 표기한다.

예: "beforeMethod()에는 TestNG의 @BeforeMethod 어노테이션을 사용한다"

코드 블록은 다음과 같이 표기한다.

```
<input id="search" type="search" name="q" value="" class="input-text
required-entry" maxlength="128" placeholder="Search entire store here..."
autocomplete="off">
```

코드 블록에서 중요한 부분을 강조할 때는 굵은 서체로 표시한다.

```
WebElement searchBox = driver.findElement(By.id("q"));
```

굵은 서체: 새로운 용어, 중요한 단어, 화면에 표시되는 문장. 예를 들어, 메뉴나 다이얼 로그 상자에 표시되는 문장. "테스트를 실행하려면 코드 편집기에서 오른쪽 버튼을 클릭하면 나오는 스크린샷과 같은 메뉴에서 Run As › TestNG Test 메뉴를 선택한다"

경고나 중요한 내용은 이렇게 표시한다.

 팁과 요령은 이렇게 표시한다.

▌ 고객 지원

저작권 침해: 인터넷에서 어떤 형태로든 팩트 책의 불법 복제물을 발견한다면 적절한 조치를 취할 수 있도록 주소나 사이트명을 즉시 알려주길 부탁드린다. 의심되는 불법 복제물의 링크를 copyright@packtpub.com으로 보내주기 바란다.

오탈자: 정확한 내용을 위해 모든 노력을 기울이지만 실수가 있을 수 있다. 이 책의 오탈자에 대한 제보는 언제든 감사히 받고 있다. www.packtpub.com/submit-errata에 방문해 책을 선택한 후 Errata Submission Form 링크를 클릭해 상세한 내용을 입력하면 된다. 한국어판의 정오표는 에이콘출판사의 도서정보 페이지 http://www.acornpub.co.kr/book/selenium-webdriver-2e에서 찾아볼 수 있다.

문의: 이 책에 관한 질문은 questions@packtpub.com으로 하길 바라며, 팩트출판사는 문제 해결을 위해 최선을 다할 것이다. 한국어판에 관한 질문은 이 책의 옮긴이의 이메일이나 에이콘출판사 편집 팀(editor@acornpub.co.kr)으로 문의해주길 바란다.

에이콘출판의 기틀을 마련하신 故 정완재 선생님 (1935-2004)

웹드라이버와 웹 엘리먼트 소개

1장에서는 셀레늄과 Appium 같은 다양한 컴포넌트에 대해 간단하게 알아보고, 웹 엘리먼트를 포함한 다양한 웹 페이지의 기본 컴포넌트를 살펴본다. 웹 페이지에서 웹 엘리먼트를 지정하는 방법과 사용자 동작을 수행하는 다양한 방법을 알아본다. 1장에서 다루는 내용은 다음과 같다.

- 셀레늄 테스트 도구의 다양한 컴포넌트
- 이클립스에 메이븐과 TestNG를 사용하는 프로젝트 설정 방법
- 웹 페이지의 웹 엘리먼트 지정 방법
- 웹 엘리먼트가 실행 가능한 동작

셀레늄은 브라우저 자동화에 널리 쓰이는 툴로 자리매김했다. 애플리케이션 테스트에 주로 사용되지만 테스트 용도에만 국한되지는 않는다. 셀레늄은 구글 크롬, 모질라 파이어

폭스, 마이크로소프트 인터넷 익스플로러, Edge, 애플 사파리, 오페라 같은 모든 주요 브라우저의 자동화를 지원한다. 셀레늄 3.0은 현재 W3C 표준으로 모든 주요 브라우저가 지원한다.

셀레늄 테스트 도구

셀레늄 3.0은 셀레늄 웹드라이버, 셀레늄 서버, 셀레늄 IDE라는 중요한 세 가지 도구를 제공한다. 각각의 도구는 운영체제와 브라우저에서 테스트 생성, 디버깅, 실행 기능을 제공한다. 하나씩 자세히 살펴보자.

셀레늄 웹드라이버

셀레늄 웹드라이버는 이제는 공식적으로 중단된 셀레늄 RC[Remote Controll]의 후손이다. 셀레늄 웹드라이버는 JSON 와이어 프로토콜(클라이언트 API라고도 함)로 명령을 받아서 브라우저별로 구현한 브라우저의 드라이버 클래스(크롬 드라이버, 파이어폭스 드라이버, IE 드라이버)가 실행한 브라우저 인스턴스에 명령을 보낸다. 다음과 같은 순서로 실행된다.

1. 드라이버는 셀레늄에서 오는 명령을 기다린다.
2. 명령을 브라우저 내장 API로 변환한다.
3. 드라이버는 내장 명령 수행 결과를 받아 셀레늄에 돌려준다.

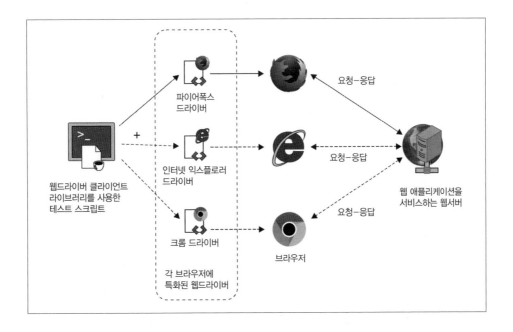

파이어폭스
드라이버

인터넷 익스플로러
드라이버

크롬 드라이버

각 브라우저에
특화된 웹드라이버

웹드라이버 클라이언트
라이브러리를 사용한
테스트 스크립트

요청–응답

요청–응답

요청–응답

브라우저

웹 애플리케이션을
서비스하는 웹서버

다음과 같은 작업에 셀레늄 웹드라이버를 사용할 수 있다.

- 탄탄한 브라우저 기반 자동 리그레션 테스트 작성
- 다양한 브라우저와 플랫폼으로 확장하고 배포하는 스크립트
- 좋아하는 프로그래밍 언어로 스크립트 작성

셀레늄 웹드라이버는 브라우저를 제어하는 언어별 바인딩(클라이언트 라이브러리)을 제공
한다. 웹드라이버는 객체지향 프로그램에 가까운 구현 방식으로 개발자가 실행 결과를
예상할 수 있는 API를 제공한다. 웹드라이버는 오랜 기간 동안 개선을 거듭하면서 다양
한 기능이 추가되었고, 웹이나 모바일 애플리케이션에서 고급 기능을 사용할 수 있다.

> 셀레늄 클라이언트 API는 자바, C#, 파이썬, 루비, 자바스크립트와 같은 프로그래밍 언어별
> 로 일관된 API를 제공하는 언어별 셀레늄 라이브러리다. 언어별 바인딩은 웹드라이버 세션
> 을 실행하고 브라우저나 셀레늄 서버와 통신해 테스트를 수행한다.

셀레늄 서버

셀레늄 서버는 다른 컴퓨터에 있는 브라우저 인스턴스에서 병렬로 테스트를 실행해 테스트 부하를 여러 장비로 분산해준다. 서버 하나를 허브로 구동해 노드 풀을 관리하는 셀레늄 그리드를 만들 수 있다. 테스트는 허브에 접속해서 여분이 있는 노드의 알맞은 브라우저를 가져오도록 설정할 수 있다. 허브는 브라우저 인스턴스를 실행 중인 노드 목록을 통해 로드밸런서처럼 테스트를 수행해준다. 셀레늄 그리드는 각기 다른 타입의 브라우저, 버전, 운영체제 구성을 한곳에서 관리해 여러 장비에서 병렬로 테스트를 수행할 수 있게 해준다.

셀레늄 IDE

셀레늄 IDE는 파이어폭스 부가 기능으로 사용자가 Selenese 형식을 기록, 편집, 디버깅, 재현할 수 있게 해주는 도구로, 셀레늄 코어 버전에서 도입되었다. Selenese 형식은 셀레늄 RC나 셀레늄 웹드라이버 포맷으로도 변환 가능하다. 셀레늄 IDE로 다음과 같은 작업을 할 수 있다.

- 기록 재생 기능으로 간단한 스크립트를 빠르게 만들거나 탐색적 테스트에 사용할 수 있다
- 자동화 지원 탐색적 테스트 스크립트 작성
- 웹 페이지에서 반복 작업을 수행하는 매크로 작성

> ⓘ 파이어폭스용 셀레늄 IDE는 파이어폭스 55버전부터 XPI 포맷에서 웹익스텐션 포맷으로 변경됨에 따라 동작하지 않고 더 이상 업데이트되지 않는다.

▌ 셀레늄 2와 셀레늄 3의 차이점

셀레늄 3을 본격적으로 알아보기 전에 셀레늄 2와 셀레늄의 차이를 살펴보자.

브라우저 제어

셀레늄 웹드라이버가 W3C 표준이 되면서 셀레늄 3는 브라우저 구현에 많은 변화를 가져왔다. 모든 주요 브라우저 제작사는 웹드라이버 스펙을 지원하고 필요한 기능을 제공한다. 예를 들면 마이크로소프트는 EdgeDriver, 애플은 SafariDriver 구현을 제공한다. 책의 나머지 부분에서 다른 변화들도 살펴볼 것이다.

더 나은 API

W3C 표준 웹드라이버는 객체지향 프로그램에 가까운 구현 방식으로 개발자가 실행 결과를 짐작할 수 있는 API를 제공한다.

개발자 지원과 고급 기능

웹드라이버는 W3C 표준에 맞게 활발하게 개발돼왔으며 현재는 브라우저 제작사의 지원을 받는다. 파일 처리나 터치 API 같은 모바일 애플리케이션뿐만 아니라 웹에서도 많은 고급 기능을 볼 수 있다.

Appium으로 모바일 앱 테스트

셀레늄 3의 커다란 변화 중 한 가지는 Appium 도입이다. 셀레늄 2의 모바일 테스트 기능은 Appium이라는 별도의 프로젝트로 분리되었다.

Appium은 iOS와 안드로이드 플랫폼에서 셀레늄 웹드라이버로 JSON 와이어 프로토콜을 사용해 네이티브, 하이브리드, 모바일 웹 앱 테스트를 실행하는 오픈소스 모바일 자

동화 프레임워크다. Appium은 모바일 웹 애플리케이션 테스트에 사용하던 셀레늄 2의
iPhoneDriver와 AndroidDriver API를 대체한다.

Appium으로 모바일 테스트에 사용하던 기존 셀레늄 웹드라이버 프레임워크를 확장해 사
용할 수 있다. 셀레늄 웹드라이버로 테스트를 수행할 경우 셀레늄 클라이언트 라이브러
리를 사용하는 모든 프로그래밍 언어로 테스트를 작성할 수 있다.

▌ 이클립스에서 메이븐, TestNG로 자바 프로젝트 설정

셀레늄 웹드라이버는 브라우저 자동화를 도와주는 라이브러리다. 하지만 테스트를 빌드
하고 실행하거나 테스트 이외의 브라우저 자동화에 사용하려면 다른 것들도 필요하다.
테스트를 빌드하려면 통합개발환경IDE이나 코드 에디터로 새 자바 프로젝트를 만든 후 셀
레늄 웹드라이버 의존성을 추가해야 한다.

이클립스는 자바 개발 커뮤니티에서 인텔리제이나 넷빈즈와 더불어 널리 쓰이는 통합개
발환경이다. 이클립스는 셀레늄 웹드라이버 테스트 개발에 사용하는 다양한 기능을 제공
한다.

메이븐은 이클립스와 마찬가지로 테스트 프로젝트의 생명 주기 관리 기능을 제공한다.
프로젝트 구조 정의, 의존성, 빌드, 테스트 관리에 메이븐을 사용한다.

이클립스와 메이븐으로 셀레늄 웹드라이버 테스트 프레임워크를 하나의 프로그램에서
빌드할 수 있다. 메이븐 사용 시 얻는 중요한 장점은 pom.xml 파일 설정 하나로 셀레늄
라이브러리와 필요한 의존성을 한 번에 가져올 수 있다는 점이다. 메이븐은 프로젝트 빌
드에 필요한 라이브러리를 자동으로 다운로드한다.

1장에서는 셀레늄 웹드라이버 테스트 개발을 위한 이클립스와 메이븐 설정법을 알아
본다. 이 책의 예제는 대부분 이클립스와 메이븐으로 개발했다.

테스트 개발 환경을 구성하려면 이클립스와 메이븐을 다운로드해야 한다. 메이븐은

http://maven.apache.org/download.html에서 다운로드한 후, 메이븐 다운로드 페이지의 설치 절차 항목대로 설치한다.

이클립스는 https://eclipse.org/downloads/에서 다운로드해 설치한다.

테스트 프로젝트에는 이클립스, 메이븐과 더불어 TestNG를 사용한다. TestNG는 테스트 케이스, 테스트 설정, 값 확인을 정의하는 데 도움을 주는 라이브러리다. 이클립스 마켓플레이스에서 TestNG 플러그인을 설치한다.

다음 과정을 따라 이클립스와 메이븐으로 셀레늄 웹드라이버 테스트를 구성해보자.

1. **이클립스** 실행
2. 메뉴에서 File ❯ New ❯ Other를 차례대로 클릭해서 새 프로젝트를 생성한다.
3. 다음 화면과 같은 New 다이얼로그에서 Maven ❯ Maven Project를 선택하고 Next를 클릭한다.

4. 다음 화면과 같은 New Maven Project 다이얼로그에서 Create a simple. project (skip archetype selection)에 체크하고 Next를 클릭한다.

5. 다음 화면과 같은 New Maven Project 다이얼로그에서 Group Id에 com.example
   을, Artifact Id에 chapter1을 입력한다. 이름과 설명도 추가할 수 있다. Finish
   버튼을 클릭한다.

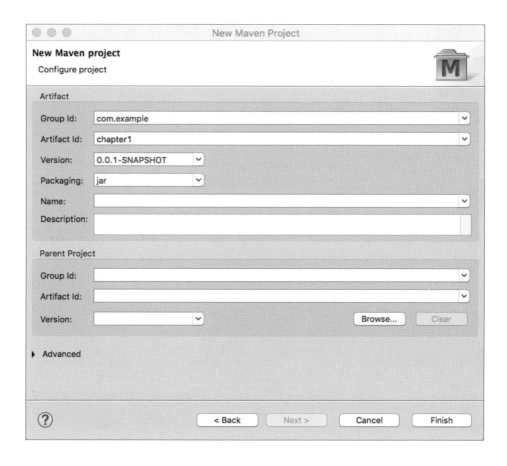

6. 이클립스는 Package Explore에 다음 화면과 같은 구조로 chapter1 프로젝트를
   생성한다.

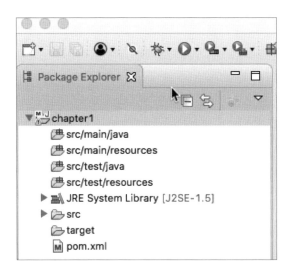

7. Package Explorer에서 pom.xml 파일을 선택하면 다음 화면과 같이 편집 영역
   에 pom.xml 파일이 열린다.

8. 다음 예제 코드를 pom.xml의 **project** 태그 사이에 넣어 셀레늄 웹드라이버와 TestNG 의존성을 추가한다.

```xml
<properties>
  <java.version>1.8</java.version>
  <selenium.version>3.13.0</selenium.version>
  <testng.version>6.13.1</testng.version>
  <maven.compiler.version>3.7.0</maven.compiler.version>
</properties>

<dependencies>
  <dependency>
    <groupId>org.seleniumhq.selenium</groupId>
    <artifactId>selenium-java</artifactId>
    <version>${selenium.version}</version>
  </dependency>
  <dependency>
    <groupId>org.testng</groupId>
    <artifactId>testng</artifactId>
    <version>${testng.version}</version>
  </dependency>
</dependencies>

<build>
  <plugins>
    <plugin>
      <groupId>org.apache.maven.plugins</groupId>
      <artifactId>maven-compiler-plugin</artifactId>
      <version>${maven.compiler.version}</version>
      <configuration>
        <source>${java.version}</source>
        <target>${java.version}</target>
      </configuration>
    </plugin>
  </plugins>
</build>
```

9. Package Explorer에서 src/test/java를 선택한 후 마우스 오른쪽 버튼을 클릭해 다음 화면과 같이 New ❯ Other를 선택한다.

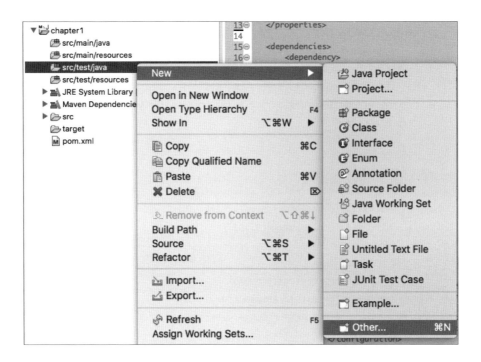

10. 다음 화면과 같은 Select a wizard 다이얼로그에서 TestNG > TestNG class를 선택하고 Next를 클릭한다.

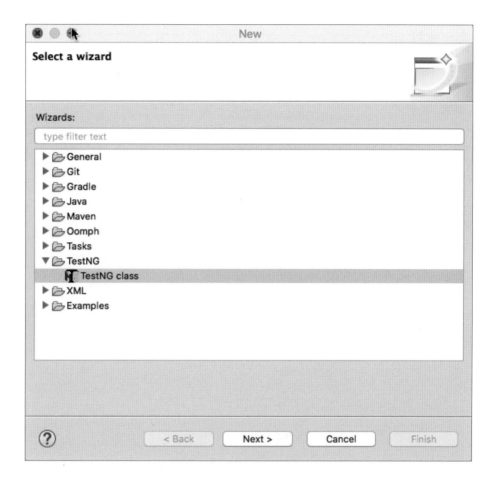

11. New TestNG class 다이얼로그에서 Source folder: 필드에는 /chapter1/src/test /java를 입력한다. Package name: 필드에는 com.example을, Class name: 필드에는 NavigationTest를 입력한다. @BeforeMethod와 @AfterMethod 옆의 체크박스를 선택하고 XML suite file: 필드에 src/test/resources/suites/testng. xml를 입력한다. 마지막으로 Finish 버튼을 클릭한다.

12. 이제 com.example 패키지에 @Test, @BeforeMethod, @AfterMethod 같은 TestNG 어노테이션과 beforeMethod, afterMethod 메서드가 추가된 NavigationTest.java 클래스가 만들어졌다.

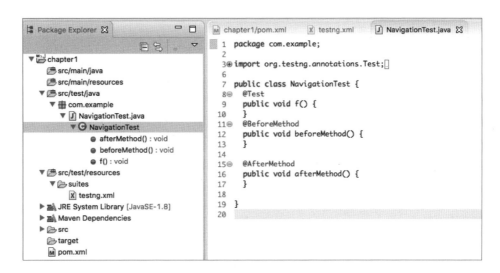

13. NavigationTest 클래스를 다음과 같이 수정한다.

```
package com.example;
import org.openqa.selenium.WebDriver;
import org.openqa.selenium.chrome.ChromeDriver;
import org.testng.Assert;
import org.testng.annotations.*;

public class NavigationTest {

    WebDriver driver;

    @BeforeMethod
    public void beforeMethod() {

        // Chromedriver 경로 설정
        System.setProperty("webdriver.chrome.driver",
```

```
                    "./src/test/resources/drivers/chromedriver");

            // 웹드라이버 세션 초기화
            driver = new ChromeDriver();
        }

        @Test
        public void navigateToAUrl() {
            // 웹사이트 열기
            driver.get("http://demo-store.seleniumacademy.com/");
            // 페이지 제목 확인
            Assert.assertEquals(driver.getTitle(), "Madison Island");
        }
        @AfterMethod
        public void afterMethod() {
            // 테스트 종료 및 브라우저 닫기
            driver.quit();
        }
    }
```

코드를 보면 NavigationTest 클래스에 브라우저를 실행하고 테스트 사이트를 방문하는 데 사용할 웹드라이버 인스턴스 WebDriver driver; 변수와 세 개의 메서드를 추가했다.

beforeMethod() 메서드는 chromedriver 실행파일 경로를 설정하고 driver 변수에 ChromeDriver() 클래스 인스턴스를 할당한다. TestNG 어노테이션 @BeforeMethod를 사용해 테스트 메서드를 실행하기 전에 실행된다. beforeMethod() 메서드를 실행하면 새로운 크롬 브라우저 창이 나타난다.

@Test 어노테이션을 사용하는 navigateToAUrl() 메서드는 웹드라이버 인스턴스의 get() 메서드에 애플리케이션 URL을 넣어 호출한다. 브라우저는 URL 주소로 이동하고 TestNG 의 Assert.assertEquals 메서드와 웹드라이버의 getTitle() 메서드로 페이지 제목을 확인한다.

브라우저 창을 닫는 afterMethod() 메서드는 TestNG 어노테이션 @AfterMethod를 사용해 테스트가 끝난 뒤 호출된다.

 https://chromedriver.chromium.org/downloads에서 chromedriver를 다운로드한다. 운영체제에 알맞는 크롬 브라우저를 다운로드해 설치하고, chromedriver 실행 파일을 /src /test/resources/drivers 폴더에 복사한다.

다음 화면과 같은 편집기 화면에서 마우스 오른쪽 버튼을 클릭한 후 **Run As ＞ TestNG Test** 를 선택해 테스트를 실행한다.

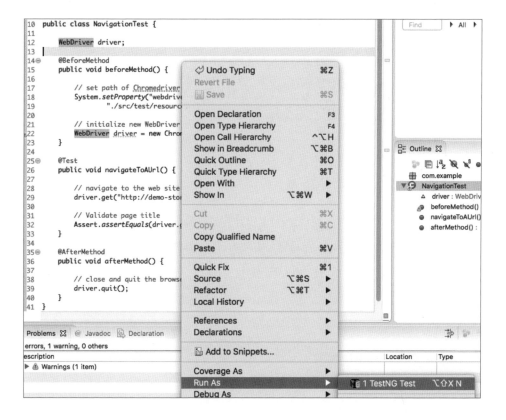

새 크롬 브라우저 창이 실행되며 테스트할 사이트로 이동한다. 페이지 제목을 확인하고 테스트가 끝나면 브라우저 창을 닫는다. 이클립스의 TestNG 플러그인에는 다음 화면과 같은 결과가 나타난다.

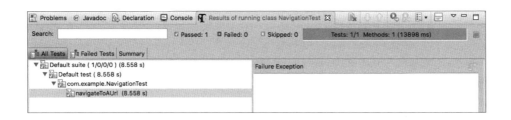

 원서의 예제 코드는 https://github.com/PacktPublishing/Selenium-WebDriver-3-Practical-Guide-Second-Edition에서 내려받을 수 있으며, 번역서의 예제 코드는 https://github.com/AcornPublishing/selenium-webdriver-2e에서 내려받을 수 있다.

웹 엘리먼트

웹 페이지는 버튼, 링크, 본문, 라벨, 폼 등 다양한 HTML 엘리먼트로 구성돼 있으며, 이런 엘리먼트를 웹 엘리먼트라고 부른다. 웹 페이지의 엘리먼트는 비즈니스 로직을 담당하기도 한다. 로그인 페이지의 HTML 코드를 살펴보자.

```html
<html>
<body>
    <form id="loginForm">
        <label>Enter Username: </label>
        <input type="text" name="Username"/>
        <label>Enter Password: </label>
        <input type="password" name="Password"/>
```

```
        <input type="submit"/>
    </form>
    <a href="forgotPassword.html">Forgot Password ?</a>
</body>
</html>
```

HTML 코드는 `<html>`, `<body>`, `<form>`, `<label>`, `<input>`, `<a>`처럼 다양한 웹 엘리먼트로 구성된다. 웹 엘리먼트를 분석해보자.

```
<label>Enter Username: </label>
```

`<label>`은 라벨 웹 엘리먼트를 시작하는 태그다. `Enter Username:`은 라벨 엘리먼트의 문자열 표시다. `</label>`은 닫는 태그로 웹 엘리먼트 끝을 의미한다.

비슷한 형태의 다른 웹 엘리먼트를 살펴보자.

```
<input type="text" name="Username"/>
```

코드의 `input` 웹 엘리먼트의 `type` 속성은 `text`, `name` 속성은 Username이라는 값을 가진다.

UI 자동화는 대부분 웹 페이지에서 예제와 같은 웹 엘리먼트를 찾아서, 사용자 액션을 수행하는 방식으로 진행한다. 웹 엘리먼트를 찾고 사용자 액션을 수행하는 다양한 방법을 알아보자.

▌ 웹 페이지에서 웹 엘리먼트 지정

홈페이지 데모 사이트인 http://demo-store.seleniumacademy.com/에서 검색 기능을 자동화해보자. 자동화 작업은 홈페이지 방문, 검색창에 검색어 입력, 검색 실행 등의 동작으로 구성돼 있다. 아래 코드를 보자.

```java
import org.openqa.selenium.By;
import org.openqa.selenium.WebDriver;
import org.openqa.selenium.WebElement;
import org.openqa.selenium.chrome.ChromeDriver;
import org.testng.annotations.AfterMethod;
import org.testng.annotations.BeforeMethod;
import org.testng.annotations.Test;

import static org.assertj.core.api.AssertionsForClassTypes.assertThat;

public class SearchTest {

    WebDriver driver;

    @BeforeMethod
    public void setup() {
        System.setProperty("webdriver.chrome.driver",
                "./src/test/resources/drivers/chromedriver");
        driver = new ChromeDriver();
        driver.get("http://demo-store.seleniumacademy.com/");
    }

    @Test
    public void searchProduct() {
        // 검색창을 찾아 검색어를 입력
        WebElement searchBox = driver.findElement(By.name("q"));
        searchBox.sendKeys("Phones");
        WebElement searchButton =
                driver.findElement(By.className("search-button"));
        searchButton.click();
        assertThat(driver.getTitle())
                .isEqualTo("Search results for: 'Phones'");
    }

    @AfterMethod
    public void tearDown() {
```

```
        driver.quit();
    }
}
```

새로 추가한 세 가지 변수가 강조돼 있는 것을 볼 수 있다.

```
WebElement searchBox = driver.findElement(By.name("q"));
```

각각은 `WebElement` 인터페이스, `findElement()` 메서드, `By.name()` 메서드다. `find
Element()` 메서드와 `By()` 메서드는 웹드라이버가 웹 엘리먼트를 찾도록 지시한다. 원하
는 엘리먼트를 찾으면 `findElement()`는 웹 엘리먼트 인스턴스를 반환하는데, 클릭이나
텍스트 입력 등의 사용자 동작은 반환된 웹 엘리먼트를 통해서 실행된다. 자세한 내용을
지금부터 하나씩 배워보자.

findElement() 메서드

UI 자동화는 엘리먼트를 지정하고 사용자 액션을 실행하는 순서로 이루어진다. 웹드라
이버에서 제공하는 `findElement()` 메서드로 간단하게 웹 엘리먼트를 지정할 수 있는데,
Javadoc(https://seleniumhq.github.io/selenium/docs/api/java/index.html)에 나와 있는 메
서드 선언은 다음과 같다.

```
WebElement findElement(By by)
```

`findElement()` 메서드의 인자는 `By` 클래스 인스턴스다. `By` 인스턴스는 웹 엘리먼트를 지
정하는 방법을 정의한다. 웹 페이지에서 엘리먼트를 지정하는 방법은 8가지가 있는데,
뒷장에서 `By`를 다시 언급하면서 하나씩 살펴보기로 한다.

findElement() 메서드의 반환 타입은 실제 HTML 엘리먼트나 웹 페이지에서 컴포넌트로 표현되는 웹 엘리먼트 인스턴스다. findElement() 메서드는 지정자의 조건에 맞는 웹 엘리먼트 중 첫 번째 값을 반환하는데, 이렇게 찾아낸 웹 엘리먼트 인스턴스로 해당 컴포넌트를 제어할 수 있다. 테스트 스크립트 개발자는 반환되는 웹 엘리먼트 인스턴스로 알맞는 동작을 실행할 수 있다.

웹드라이버가 엘리먼트를 찾지 못하면 NoSuchElementException 예외를 발생시킨다. 예외는 웹드라이버를 호출하는 클래스나 메서드에서 처리해야 한다.

findElements() 메서드

한 페이지 안에서 지정자에 해당하는 여러 엘리먼트를 가져오려면 findElements() 메서드를 사용한다. 지정자 조건에 맞는 웹 엘리먼트를 리스트로 반환한다. findElements 메서드 선언은 다음과 같다.

```
java.util.List findElements(By by)
```

메서드 인자는 findElement() 메서드와 같은 By 클래스 인스턴스다. 두 메서드는 반환 타입에 차이가 있다. findElements 메서드는 조건에 맞는 엘리먼트가 하나도 없으면 빈 리스트를 반환하고 여러 개 존재하면 찾아낸 웹 엘리먼트를 리스트로 반환한다.

개발자 도구로 엘리먼트 검사

페이지에서 어떻게 엘리먼트를 찾고, 어떤 지정 방식을 사용해야 하는지 알아보기 전에 페이지의 HTML 코드를 살펴봐야 한다. 문서 객체 모델^{DOM} 트리는 무엇인지, 엘리먼트를 표시하기 위한 요소와 속성에는 어떤 것들이 있는지, 어플리케이션에서 어떻게 자바스크립트나 AJAX 호출을 사용하는지를 먼저 이해해야 한다. 브라우저는 HTML 코드로 시각적 요소를 렌더링할 때 자바스크립트, CSS, 이미지를 포함한 다른 리소스를 이용해 엘리먼트의 모양, 느낌, 동작을 결정한다.

다음 화면과 같은 데모 어플리케이션의 로그인 페이지와 페이지를 브라우저에 렌더링하기 위한 HTML 코드 예제가 있다.

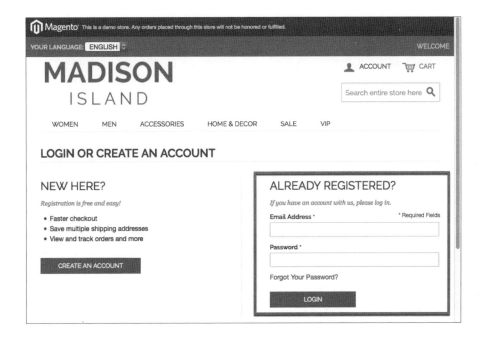

HTML 코드를 이해하기 쉽게 구조화된 형식으로 보여주는 도구가 필요하다. 대부분의 브라우저는 페이지 구조와 연관된 리소스를 검사하는 개발자 도구를 제공한다.

파이어폭스로 엘리먼트와 페이지 검사

최신 버전의 파이어폭스에는 페이지와 엘리먼트를 검사하는 도구가 내장돼 있다. 페이지에서 엘리먼트를 확인하려면 다음과 같이 확인할 엘리먼트 위에 마우스를 올려놓고 오른쪽 버튼을 클릭해서 **요소 검사**^{Inspect Element} 옵션을 선택한다.

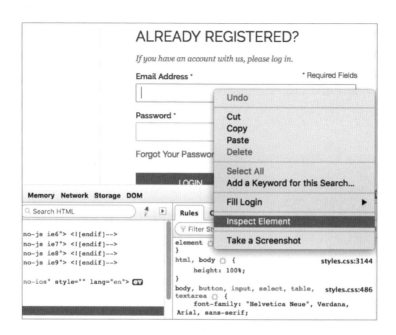

다음 화면과 같이 트리 형식의 HTML 코드에 선택된 엘리먼트가 강조되며 **검사기**^{Inspector} 탭에 표시된다.

검사기 영역의 검색창을 사용해 XPath나 CSS 셀렉터로도 엘리먼트를 검사할 수 있다. 검색창에 XPath나 CSS 셀렉터를 입력하면 다음 화면처럼 해당하는 엘리먼트를 강조해 서 보여준다.

개발자 도구는 엘리먼트에 해당하는 XPath나 CSS 셀렉터를 만들어주는 기능을 포함한 다양한 기능을 제공한다. 예를 들어, 트리의 특정 엘리먼트 위에서 오른쪽 버튼을 클릭하고 다음 화면과 같은 메뉴에서 Copy > XPath 나 Copy > CSS Path 옵션을 선택하면 해당 지정자를 복사할 수 있다.

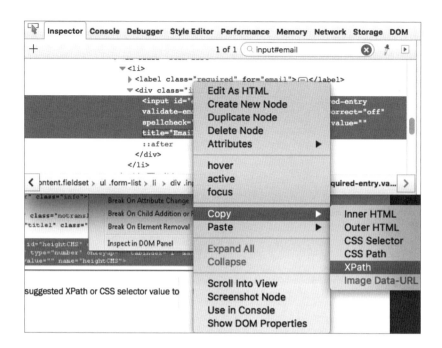

이렇게 복사한 XPath나 CSS 셀렉터를 findElement() 메서드에 사용할 수 있다.

크롬 개발자 도구로 페이지와 엘리먼트 검사

크롬도 파이어폭스와 비슷한 개발자 도구를 내장하고 있다. 원하는 엘리먼트에서 마우스 오른쪽 버튼을 클릭해서 나오는 메뉴에서 **검사**Inspect element 옵션을 선택하면 개발자 도구 가 열리며 파이어폭스처럼 엘리먼트 정보를 보여준다.

크롬 개발자 도구에서도 XPath와 CSS 셀렉터를 테스트할 수 있다. 개발자 도구의
Elements 탭에서 **Ctrl + F**(맥에서는 Command + F) 키를 누르면 나타나는 검색창에 XPath
나 CSS 셀렉터를 입력하면 다음 화면과 같이 트리에서 해당하는 엘리먼트를 강조해서 보
여준다.

크롬 개발자 도구에서도 엘리먼트에서 마우스 오른쪽 버튼을 클릭하고 Copy XPath 메뉴를 선택하면 엘리먼트에 해당하는 XPath 값을 복사할 수 있다.

 마이크로소프트 익스플로러나 Edge 같은 대부분의 주요 브라우저는 파이어폭스나 크롬의 개발자 도구와 비슷한 개발자 도구를 제공한다.

브라우저 개발자 도구는 테스트 스크립트 작성을 매우 편리하게 해준다. 테스트 작성에 필요한 엘리먼트 지정자를 손쉽게 찾아주고, 페이지 코드를 분석해서 계층 구조의 트리 모양으로 보여준다.

 웹 페이지의 웹 엘리먼트에 모든 속성이 정의돼 있지 않을 수도 있다. 테스트 스크립트에서 특정 웹 엘리먼트의 고유한 식별자를 찾는 작업은 테스트 개발자의 몫이다.

By 지정자 사용하기

findElement()나 findElements() 메서드는 By 지정자를 사용해 웹 페이지에 있는 엘리먼트를 가져온다. 지정자의 종류는 8가지가 있으며, 각기 다른 방법으로 HTML 엘리먼트를 식별한다. ID, Name, ClassName, TagName, LinkText, LinkText의 일부분, XPath, CSS 선택자가 지정자로 식별할 수 있는 엘리먼트 속성이다.

By.id() 메서드

웹 페이지 엘리먼트에 ID 속성이 있으면 각 속성을 고유하게 식별할 수 있다. ID는 개발자가 직접 작성하거나 애플리케이션에서 동적으로 생성한다. 동적으로 생성하는 ID는 페이지를 새로고침하거나 시간이 지나면 바뀌기도 한다. 검색창의 HTML 코드를 살펴보자.

```
<input id="search" type="search" name="q" value="" class="input-text
required-entry" maxlength="128" placeholder="Search entire store here..."
autocomplete="off">
```

위 코드에서 버튼의 **id** 속성값은 search다.

ID 속성으로 검색창을 찾는 방법을 살펴보자.

```
@Test
public void byIdLocatorExample() {
    WebElement searchBox = driver.findElement(By.id("search"));
    searchBox.sendKeys("Bags");
    searchBox.submit();
    assertThat(driver.getTitle())
        .isEqualTo("Search results for: 'Bags'");
}
```

예제에서는 By.id() 메서드와 검색창의 id 속성으로 엘리먼트를 찾는다.

여기서는 By.id 식별자를 사용했지만 id값 search 대신 name값 q를 사용해보자. 세 번째 줄을 다음과 같이 수정한다.

```
WebElement searchBox = driver.findElement(By.id("q"));
```

테스트 스크립트는 다음과 같은 오류가 발생하면서 실패한다.

```
Exception in thread "main" org.openqa.selenium.NoSuchElementException:
Unable to locate element: {"method":"id","selector":"btnK"}
```

웹드라이버는 id 속성값이 q인 엘리먼트는 찾아내지 못했다. 결국, 엘리먼트를 찾을 수 없다는 내용인 NoSuchElementException 예외가 발생된다.

By.name() 메서드

예제 웹 페이지의 모든 엘리먼트는 이름을 포함한 다양한 속성이 존재한다. 예제의 검색창에 해당하는 HTML 코드를 살펴보자.

```
<input id="search" type="search" name="q" value="" class="input-text
required-entry" maxlength="128" placeholder="Search entire store here..."
autocomplete="off">
```

여러 속성 중 name 속성의 값은 q다. 테스트 스크립트에서 검색창을 찾아서 값을 입력하는 예제는 다음과 같다.

```
@Test
public void searchProduct() {
    // 검색창을 찾아 문자열을 입력한다
```

```
WebElement searchBox = driver.findElement(By.name("q"));
searchBox.sendKeys("Phones");
searchBox.submit();
assertThat(driver.getTitle())
    .isEqualTo("Search results for: 'Phones'");
}
```

네 번째 줄을 보면 **By.name** 지정 방식을 사용하며 이름이 q인 엘리먼트를 지정한다. 이름은 어떻게 알 수 있을까? 앞 절에서 설명한 브라우저 개발자 도구를 사용하면 엘리먼트의 이름을 쉽게 알아낼 수 있다. 개발자 도구를 실행해서 엘리먼트 검사로 엘리먼트의 속성값을 확인해보자.

By.className() 메서드

className() 메서드를 살펴보기 전에 스타일과 CSS에 관한 부연 설명을 잠시 하고 넘어가자. 보통 HTML 엘리먼트의 스타일은 웹 페이지 개발자나 디자이너가 정의한다. 모든 엘리먼트에 스타일을 적용하는 것이 필수 사항은 아니지만, 사용자의 시선을 끌기 위해 대부분의 경우 스타일을 적용한다.

엘리먼트에 스타일을 적용하려면, 직접 엘리먼트 태그에 스타일을 선언하거나 CSS를 별도 파일로 분리해 **class** 속성으로 엘리먼트가 스타일을 참조하도록 한다. 예를 들어, 버튼의 **style** 속성은 CSS 파일에서 다음과 같이 선언할 수 있다.

```
.buttonStyle{
    width: 50px;
    height: 50px;
    border-radius: 50%;
    margin: 0% 2%;
}
```

선언한 스타일은 다음과 같은 방법으로 버튼 엘리먼트에 적용한다.

```
<button name="sampleBtnName" id="sampleBtnId" class="buttonStyle">I'm
Button</button>
```

buttonStyle은 버튼 엘리먼트의 class 속성값이고 CSS 파일에서 선언한 스타일을 모두 상속받는다. 지금까지 설명한 내용을 홈페이지에서 확인해보자. 웹드라이버가 클래스 이름으로 검색 버튼을 찾아 클릭하도록 해보자.

검색 버튼의 클래스 이름은 앞서 다뤄본 개발자 도구로 알아낼 수 있다. 지정자를 By.className으로 바꾸고 클래스 이름을 class 속성값으로 입력한다. 코드는 다음과 같다.

```
@Test
public void byClassNameLocatorExample() {
    WebElement searchBox = driver.findElement(By.id("search"));
    searchBox.sendKeys("Electronics");
    WebElement searchButton =
                driver.findElement(By.className("search-button"));
    searchButton.click();
    assertThat(driver.getTitle())
                .isEqualTo("Search results for: 'Electronics'");
}
```

위 코드에서는 By.className 지정자에 class 속성값을 전달하는 방식으로 지정자를 사용한다.

엘리먼트의 class 속성은 여러 개의 값을 가질 수 있다. 예를 들어, 검색 버튼의 class 속성값으로 button, search-button 두 개의 값을 갖는 HTML 코드는 다음과 같다.

```
<button type="submit" title="Search" class="button search-
button"><span><span>Search</span></span></button>
```

By.className 메서드에는 하나의 class 값을 사용해야 한다. 예제에서는 button이나 search-button 중 유일한 식별자로 사용 가능한 쪽을 선택해서 사용한다.

By.linkText() 메서드

메서드 이름에서 알 수 있듯이, By.linkText 지정자는 HTML 링크를 식별할 때만 사용한다. 웹드라이버가 링크 텍스트로 엘리먼트를 식별하는 예제를 알아보기 전 HTML 링크 엘리먼트가 어떻게 이루어져 있는지 살펴보자. HTML 링크 엘리먼트는 anchor 태그의 축약어인 <a> 태그로 웹 페이지에 표현한다. 보통 anchor 태그는 아래와 같이 사용한다.

```
<a href="http://demo-store.seleniumacademy.com/customer/account/" title="My Account">My Account</a>
```

href는 클릭했을 때 이동할 페이지의 링크를 의미한다. 브라우저에서 HTML 코드를 렌더링하면 다음과 같은 모습을 볼 수 있다.

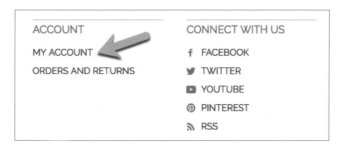

MY ACCOUNT가 링크 텍스트에 해당한다. By.linkText 지정 방식은 a 태그의 텍스트로 웹 엘리먼트를 식별하는데, 다음과 같은 형태로 사용한다.

```
@Test
public void byLinkTextLocatorExample() {
    WebElement myAccountLink =
```

```
                 driver.findElement(By.linkText("MY ACCOUNT"));
        myAccountLink.click();
        assertThat(driver.getTitle())
                    .isEqualTo("Customer Login"); }
    }
```

이번 예제에서 사용한 **By.linkText** 지정자는 MY ACCOUNT 링크를 식별한다.

 linkText 메서드와 partialLinkText 메서드는 대소문자를 구별한다.

By.partialLinkText() 메서드

By.partialLinkText 지정자는 **By.linkText** 지정자를 확장한 개념이다. 링크의 전체 텍스트를 정확히 알지 못하거나 일부 단어만 알고 있을 때 **By.partialLinkText** 지정자로 링크 엘리먼트를 식별할 수 있다. 앞 예제를 수정해서 Privacy Policy라는 단어를 포함하는 링크로 개인정보 취급방침을 찾아보자.

예제는 다음과 같다.

```
@Test
public void byLinkTextLocatorExample() {
```

```
        WebElement myAccountLink =
                driver.findElement(By.partialLinkText("PRIVACY"));
        myAccountLink.click();
        assertThat(driver.getTitle())
                .isEqualTo("Customer Login"); }
    }
```

Privacy라는 단어를 가진 링크가 웹 페이지에 여러 개 있으면 어떻게 될까? 답은 지정
자가 아닌 findElement() 메서드를 살펴봐야 한다. findElement() 메서드가 나왔던
예제를 떠올려보면, 메서드의 반환값은 처음 발견한 웹 엘리먼트라는 사실이 기억날 것
이다. 링크 텍스트에서 Privacy라는 단어가 포함된 웹 엘리먼트를 모두 가져오려면 find
Elements() 메서드를 사용해야 한다. 엘리먼트는 리스트 형태로 반환된다.

 지정자 조건에 해당하는 웹 엘리먼트를 모두 찾아내려면 웹드라이버의 findElements() 메
서드를 사용한다.

By.tagName() 메서드

태그 이름으로 엘리먼트를 지정하는 방식은 앞서 살펴본 방식과는 조금 다르다. 예를 들
어 홈페이지에서 button 태그명으로 엘리먼트를 찾으면, 홈페이지는 아홉 개의 버튼이
있기 때문에 여러 개의 버튼이 반환된다. 태그 이름으로 엘리먼트를 지정할 때는 find
Element()가 아니라 findElements()를 사용하는 것이 바람직하다.

홈페이지에서 제공하는 링크의 숫자를 세는 코드를 살펴보자.

```
    @Test
    public void byTagNameLocatorExample() {

        // 홈페이지의 모든 링크를 가져온다
```

```java
        List<WebElement> links = driver.findElements(By.tagName("a"));

        System.out.println("Found links:" + links.size());

        // 링크 텍스트를 자바 8 스트림 API로 출력한다
        links.stream()
                .filter(elem -> elem.getText().length() > 0)
                .forEach(elem -> System.out.println(elem.getText()));
    }
```

예제 코드는 By.tagName 지정자와 findElements() 메서드를 사용해서 페이지에 있는 모든 a 태그를 리스트로 가져온다. 다섯 번째 줄을 보면 리스트 개수를 출력하고, 엘리먼트의 getText() 메서드를 호출해서 얻은 텍스트 결과를 자바 8 스트림 API로 필터링해서 링크 텍스트가 있는 링크의 링크 텍스트만 출력한다. 실행 결과는 다음과 같다.

```
Found links:88
    ACCOUNT
    CART
    WOMEN
    ...
```

By.xpath() 메서드

웹드라이버는 XPath를 사용해 엘리먼트를 식별할 수 있다. 사용법을 알아보기 전에 우선, XPath 문법을 간략하게 살펴보자. XPath는 XML path의 줄임말로 XML 문서를 검색하는 쿼리 언어다. 웹 페이지를 구성하는 HTML도 XML 문서의 한 종류인데, HTML 페이지에서 엘리먼트를 식별하려면 다음과 같은 방식으로 XPath 문법을 사용하면 된다.

- 루트 엘리먼트는 //로 나타낸다.
- div 엘리먼트는 //div와 같은 문법을 사용해 식별한다.
- div 엘리먼트에 포함된 link 태그는 //div/a와 같은 문법으로 식별한다.

- 태그 안에 있는 엘리먼트를 모두 지정하려면 *를 사용해 //div/*와 같은 문법을 사용한다.
- 루트부터 자식 엘리먼트로 내려오는 div 엘리먼트를 지정하려면 //*/*/div와 같은 문법을 사용한다.
- 특정 엘리먼트를 식별하려면 //*/div/a[@id='attrValue']처럼 속성값을 사용한다. 예로 든 XPath를 사용하면 anchor 엘리먼트를 하나 찾아낼 수 있는데, 엘리먼트의 위치는 루트에서 시작해 div 엘리먼트 하위에 있다. 찾아낸 링크의 id 속성값은 attrValue다.

By.xpath 방식으로 엘리먼트를 찾으려면 엘리먼트에 맞는 적절한 XPath 표현식을 사용해야 한다.

웹드라이버에 XPath로 엘리먼트를 찾는 예제 코드를 보자.

```java
@Test
public void byXPathLocatorExample() {
    WebElement searchBox =
            driver.findElement(By.xpath("//*[@id='search']"));
    searchBox.sendKeys("Bags");
    searchBox.submit();
    assertThat(driver.getTitle())
            .isEqualTo("Search results for: 'Bags'");
}
```

예제는 By.xpath 지정자에 웹 엘리먼트의 XPath를 전달해서 사용한다.

엘리먼트 식별이 필요할 때마다 웹드라이버는 전체 페이지를 스캔하는데, 이런 처리 과정은 매우 비효율적이다. 결국 테스트 스크립트에서 XPath를 자주 사용할수록 테스트는 느리게 진행된다.

By.cssSelector() 메서드

By.cssSelector() 메서드 사용법은 By.xpath()와 비슷하지만, By.xpath 지정자보다 처리 속도가 더 빠르다. 다음은 엘리먼트를 식별할 때 많이 사용하는 문법이다.

- id가 flrs인 div 엘리먼트를 찾으려면 #flrs와 같이 쓴다.
- 찾아낸 div의 자식 엘리먼트에서, anchor 엘리먼트를 식별하려면 #flrs > a 구문을 사용한다. 이렇게 찾아낸 결과는 link 엘리먼트가 된다.
- 다시, 속성값으로 anchor 엘리먼트를 식별하려면 #flrs > a[a[href="/intl/en/about.html"]] 구문을 사용한다.

XPath를 사용한 예제 코드에서 cssSelector로 지정자를 바꿔 실행해보자.

```
@Test
public void byCssSelectorLocatorExample() {
    WebElement searchBox =
            driver.findElement(By.cssSelector("#search"));
    searchBox.sendKeys("Bags");
    searchBox.submit();
    assertThat(driver.getTitle())
            .isEqualTo("Search results for: 'Bags'");
}
```

위 코드는 By.cssSelector 지정자를 사용한다. 지정자는 검색창의 css 셀렉터 ID로 해당 버튼을 찾는다.

조금 더 복잡한 경우를 예로 들어보자. 다음은 홈페이지 하단의 About Us 링크를 식별하는 예제다.

```
@Test
public void byCssSelectorLocatorComplexExample() {
```

```
        WebElement aboutUs =
                driver.findElement(By
                        .cssSelector("a[href*='/about-magento-demo-store/']"));

        aboutUs.click();

        assertThat(driver.getTitle())
            .isEqualTo("About Us");
    }
```

예제는 cssSelector() 메서드로 a 태그의 href 속성으로 엘리먼트를 식별한다.

▌ 웹 엘리먼트에서 할 수 있는 여러 가지 동작

앞 절에선 다양한 방법으로 웹 엘리먼트를 지정하는 방법을 배웠다. 지금부터는 웹 엘리먼트에서 할 수 있는 다양한 사용자 액션을 알아본다. 웹 엘리먼트마다 취할 수 있는 사용자 액션이 모두 다른데, 예를 들어 텍스트 박스 엘리먼트에선 문자를 입력하거나 이미 입력된 문자를 삭제하는 행위가 가능하다. 버튼 엘리먼트라면 클릭을 하거나 버튼의 크기를 구할 수 있지만, 문자를 입력할 수는 없다. 링크의 경우도 문자 입력은 적절한 사용자 액션이 아니다. 어쨌든, 다양한 사용자 액션이 모두 하나의 웹 엘리먼트 인터페이스에 포함돼 있고 적절한 사용자 액션을 선택하는 일은 테스트 스크립트 개발자의 몫이다. 대상 웹 엘리먼트에 엉뚱한 액션을 사용한다 할지라도 예외나 오류가 발생하는 건 아니다. 웹드라이버는 유효하지 않은 사용자 액션은 무시한다.

예제 코드와 자바 문서를 참조하면서 사용자 액션을 하나씩 알아보자.

엘리먼트 속성 가져오기

이 절에서는 웹 엘리먼트 인터페이스로 다양한 속성값을 가져오는 방법을 배운다.

getAttibute() 메서드

getAttribute는 모든 웹 엘리먼트에 사용 가능한 액션이다. 앞서 웹 엘리먼트를 설명하면서 웹 엘리먼트의 속성을 살펴봤는데, HTML 속성은 HTML 엘리먼트의 수식어다. 일반적으로는 키와 값이 쌍을 이뤄 엘리먼트의 시작 태그를 알린다. 예를 들면 웹 엘리먼트 구조는 다음과 같다.

```
<label name="Username" id="uname">Enter Username: </label>
```

위 코드에서 name과 id는 속성, 속성키이며 Username과 uname은 속성값이다.

getAttribute() 메서드의 API 문법은 다음과 같다.

```
java.lang.String getAttribute(java.lang.String name)
```

코드를 보면 속성 이름을 문자열 타입의 인자로 받는다. 반환 타입도 속성값을 문자열로 반환한다.

웹드라이버를 사용해 웹 엘리먼트의 속성을 모두 가져오는 방법을 알아보자. 예제 애플리케이션의 검색창을 이용한다. 엘리먼트 모양은 다음과 같다.

```
<input id="search" type="search" name="q" value="" class="input-text
required-entry" maxlength="128" placeholder="Search entire store here..."
autocomplete="off">
```

웹드라이버로 버튼의 웹 엘리먼트 속성을 알아내는 예제는 다음과 같다.

```
@Test
public void elementGetAttributesExample() {
    WebElement searchBox = driver.findElement(By.name("q"));
```

```
        System.out.println("Name of the box is: "
                + searchBox.getAttribute("name"));
        System.out.println("Id of the box is: "
                + searchBox.getAttribute("id"));
        System.out.println("Class of the box is: "
                + searchBox.getAttribute("class"));
        System.out.println("Placeholder of the box is: "
                + searchBox.getAttribute("placeholder"));
    }
```

예제의 마지막 네 줄에서 **getAttribute()** 메서드로 검색창 웹 엘리먼트의 name, id, class, placeholder 속성값을 가져온다. 실행 결과는 다음과 같다.

```
Name of the box is: q
Id of the box is: search
Class of the box is: input-text required-entry
Placeholder of the box is: Search entire store here...
```

앞 절에서 살펴본 **By.tagName()** 메서드의 결과를 떠올려보자. **By.tagName** 지정자는 하나 이상의 웹 엘리먼트를 돌려주는데, **getAttribute()** 메서드로 결과를 거르면 원하는 엘리먼트만 정확하게 찾아낼 수 있다.

getText() 메서드

getText 액션은 모든 엘리먼트를 대상으로 실행할 수 있다. 엘리먼트가 텍스트를 표시하고 있으면 텍스트를 그대로 보여주고 텍스트가 없으면 아무런 내용도 반환하지 않는다. **getText()** 메서드의 API 문법은 다음과 같다.

```
java.lang.String getText()
```

메서드로 전달하는 입력 파라미터는 없다. 반환값으로 웹 엘리먼트의 `innerText` 문자열을 돌려주는데, 아무런 값이 없는 경우는 빈 문자열을 반환한다.

다음은 애플리케이션 홈페이지의 공지사항 내용을 가져오는 예제다.

```
@Test
public void elementGetTextExample() {
    WebElement siteNotice = driver.findElement(By
            .className("global-site-notice"));
    System.out.println("Complete text is: "
            + siteNotice.getText());
}
```

예제에서 `getText()` 메서드는 공지사항 엘리먼트의 내용을 가져온다. 결과는 다음과 같다.

```
Complete text is: This is a demo store. Any orders placed through this store
will not be honored or fulfilled
```

getCssValue() 메서드

`getCssValue` 메서드는 모든 웹 엘리먼트를 대상으로 사용할 수 있다. 엘리먼트에서 폰트(font-family), 배경색(background-color), 색상 등의 CSS 속성값을 가져올 때 사용한다. 테스트 스크립트에서 웹 엘리먼트에 적용된 CSS 스타일을 확인할 때 유용하다. `getCssValue()` 메서드의 API 문법은 다음과 같다.

```
java.lang.String getCssValue(java.lang.String propertyName)
```

코드에서 입력 파라미터는 문자열로 전달받는 CSS 속성 이름이다. 메서드는 속성 이름에 해당하는 css 값을 반환한다.

다음은 검색창의 font-family를 가져오는 예제다.

```
@Test
public void elementGetCssValueExample() {
    WebElement searchBox = driver.findElement(By.name("q"));
    System.out.println("Font of the box is: "
            + searchBox.getCssValue("font-family"));
}
```

예제는 getCssValue() 메서드로 검색창 텍스트의 font-family 속성값을 가져온다. 실행 결과는 다음과 같다.

```
Font of the box is: Raleway, "Helvetica Neue", Verdana, Arial, sans-serif
```

getLocation() 메서드

getLocation 메서드는 모든 엘리먼트를 대상으로 실행할 수 있다. 웹 페이지에 렌더링된 엘리먼트의 상대 위치를 (x, y) 좌표로 가져올 수 있는데, 위치값은 웹 페이지의 왼쪽 위를 (0, 0)이라고 가정하고 계산한 값이다. 해당 메서드는 웹 페이지의 레이아웃을 검증하는 테스트에 활용할 수 있다.

getLocation() 메서드의 API 문법은 다음과 같다.

```
Point getLocation()
```

메서드로 전달하는 입력 파라미터는 없지만, 엘리먼트의 (x, y) 좌표를 갖고 있는 Point 클래스를 반환한다.

다음 예제는 검색창의 위치를 가져온다.

```
WebElement searchBox = driver.findElement(By.name("q"));
System.out.println("Location of the box is: "
        + searchBox.getLocation());
```

예제를 실행하면 다음과 같이 검색창의 (x, y) 좌표를 결과로 얻는다.

```
Location of the box is: (873, 136)
```

getSize() 메서드

getSize 메서드도 보이는 모든 웹 엘리먼트를 대상으로 실행할 수 있다. 웹 페이지에 렌더링된 웹 엘리먼트의 너비와 높이를 반환한다. getSize() 메서드의 API 문법은 다음과 같다.

```
Dimension getSize()
```

입력으로 받는 인자는 없고, 대상 웹 엘리먼트의 너비와 높이의 Dimension 클래스 인스턴스를 반환한다. 다음 예제는 검색창의 너비와 높이를 가져온다.

```
WebElement searchBox = driver.findElement(By.name("q"));
System.out.println("Size of the box is: "
        + searchBox.getSize());
```

예제를 실행하면 다음과 같은 검색창의 너비와 높이를 결과로 얻는다.

```
Size of the box is: (281, 40)
```

getTagName() 메서드

getTagName 액션은 모든 웹 엘리먼트에서 실행할 수 있다. 웹 엘리먼트의 태그 이름을 반환한다. 예를 들어 다음과 같은 HTML 코드에서 엘리먼트의 태그 이름은 button 이다.

```
<button id="gbqfba" class="gbqfba" name="btnK" aria-label="Google Search">
```

위 코드에서 button은 HTML 엘리먼트 태그 이름이다.

getTagName() 메서드의 API 문법은 다음과 같다.

```
java.lang.String getTagName()
```

대상 엘리먼트의 태그 이름을 문자열로 반환한다.

다음 예제는 검색 버튼의 태그 이름을 반환한다.

```java
@Test
public void elementGetTagNameExample() {
    WebElement searchButton = driver.findElement(By.className("search-
    button"));
    System.out.println("Html tag of the button is: "
            + searchButton.getTagName());
}
```

예제에서는 getTagName() 메서드로 검색 버튼 엘리먼트의 태그 이름을 가져온다. 실행 결과는 다음과 같다.

```
Html tag of the button is: button
```

웹 엘리먼트에서 액션 실행

앞서 웹 엘리먼트의 속성이나 값을 가져오는 방법을 살펴봤다. 이제 자동화의 핵심인 웹 엘리먼트에 사용자 액션을 실행하는 방법을 살펴보자. 웹 엘리먼트에서 사용할 수 있는 메서드를 알아보자.

sendKeys() 메서드

sendKeys 메서드는 텍스트 박스textbox나 텍스트 영역textarea 엘리먼트에서 사용할 수 있다. 텍스트를 입력할 때 사용하는데, 사용자가 키보드를 쳐서 텍스트를 입력하는 과정을 그대로 시뮬레이션 한다. sendKeys() 메서드의 API 문법은 다음과 같다.

```
void sendKeys(java.lang.CharSequence...keysToSend)
```

sendKeys() 메서드의 입력 파라미터는 문자열(CharSequence)이다. 메서드는 아무런 값도 반환하지 않는다. 검색창에 sendKeys() 메서드로 텍스트를 입력하는 예제를 살펴보자.

```
@Test
public void elementSendKeysExample() {
    WebElement searchBox = driver.findElement(By.name("q"));
    searchBox.sendKeys("Phones");
    searchBox.submit();
    assertThat(driver.getTitle())
            .isEqualTo("Search results for: 'Phones'");
}
```

예제에서 sendKeys() 메서드는 텍스트 박스에 텍스트를 입력할 때 사용한다. 일반적인 텍스트 입력은 sendKey()로 가능하지만, Backspace나 Enter, Tab, Shift 등 특수키 입력은 Keys라는 열거형enum 웹드라이버 클래스를 사용한다. Keys 클래스의 키 열거형을 사용하면 다양한 종류의 특수키를 웹 엘리먼트로 입력할 수 있다.

Shift 키를 누른 상태로 검색어를 대문자로 입력하는 예제를 살펴보자.

```
@Test
public void elementSendKeysCompositeExample() {
    WebElement searchBox = driver.findElement(By.name("q"));
    searchBox.sendKeys(Keys.chord(Keys.SHIFT,"phones"));
    searchBox.submit();
    assertThat(driver.getTitle())
            .isEqualTo("Search results for: 'PHONES'");
}
```

Keys 열거형^{enum}의 chord() 메서드는 텍스트 박스에서 특수키를 누른 상태로 텍스트를 입력한다. 예제를 실행하면 모든 글자가 대문자로 입력되는 것을 확인할 수 있다.

clear() 메서드

clear 메서드는 sendKeys() 메서드와 실행 대상이 같다. 텍스트 박스와 텍스트 영역 엘리먼트에서 사용하는데, sendKeys() 메서드를 사용해 웹 엘리먼트에 입력한 텍스트를 clear() 메서드로 지울 수 있다. Keys.BACK_SPACE로도 같은 결과를 얻을 수 있지만, 웹 드라이버는 텍스트를 쉽게 지우는 별도 메서드를 제공한다. clear() 메서드의 API 문법은 다음과 같다.

```
void clear()
```

위 메서드는 입력 값도 없고 리턴 값도 없다. 단순히 텍스트를 입력받는 엘리먼트를 대상으로 사용하면 된다.

검색창에 입력한 텍스트를 삭제하는 예제를 살펴보자.

```
@Test
public void elementClearExample() {
```

```
    WebElement searchBox = driver.findElement(By.name("q"));
    searchBox.sendKeys(Keys.chord(Keys.SHIFT,"phones"));
    searchBox.clear();
}
```

clear() 메서드는 검색창에 입력한 phones 텍스트를 모두 지운다.

submit() 메서드

submit 메서드는 폼이나 폼엘리먼트 안쪽의 엘리먼트를 대상으로 실행할 수 있다. 웹 애플리케이션 서버로 폼을 제출하려면 해당 메서드를 사용한다. submit() 메서드의 API 문법은 다음과 같다.

```
void submit()
```

submit() 메서드는 입력 값도 없고 리턴 값도 없다. 폼 안에 존재하지 않는 엘리먼트를 대상으로 submit() 메서드를 실행하면 NoSuchElementException이 발생한다.

검색 페이지로 폼을 제출하는 예제를 살펴보자.

```
@Test
public void elementSubmitExample() {
    WebElement searchBox = driver.findElement(By.name("q"));
    searchBox.sendKeys(Keys.chord(Keys.SHIFT,"phones"));
    searchBox.submit();
}
```

예제는 submit() 메서드로 검색 폼 내용을 서버에 전송한다. About 링크를 대상으로 submit() 메서드를 실행해보자. 링크는 어떤 폼 엘리먼트에도 속해 있지 않기 때문에 NoSuchElementException이 발생한다. submit() 메서드를 사용하는 웹 엘리먼트는 항상 품 엘리먼트 안에 있어야 한다.

웹 엘리먼트의 상태 확인

앞서 웹 엘리먼트의 속성이나 값을 가져오는 방법을 살펴봤다. 이제 웹 엘리먼트의 상태
를 확인하는 방법을 살펴보자. 특정 웹 엘리먼트가 브라우저 화면에 보이고 있는지, 편집
가능한지, 라디오 버튼이나 체크박스라면 선택 여부를 확인하는 메서드를 살펴보자. 웹
엘리먼트에서 사용할 수 있는 메서드를 알아보자.

isDisplayed() 메서드

isDisplayed 메서드는 모든 종류의 웹 엘리먼트를 대상으로 웹 페이지에 존재하고, 액
션을 실행할 수 있는 상태인지를 검사한다. isDisplayed() 메서드의 API 문법은 다음과
같다.

```
boolean isDisplayed()
```

isDisplayed() 메서드는 해당 엘리먼트가 웹 페이지에 보이는지 유무를 불린 값으로 나
타낸다. 다음 예제는 검색창이 보이는지 여부를 확인한다. 결과는 당연히 true가 반환돼
야 한다.

```
@Test
public void elementStateExample() {
    WebElement searchBox = driver.findElement(By.name("q"));
    System.out.println("Search box is displayed: "
            + searchBox.isDisplayed());
}
```

예제는 isDisplayed() 메서드로 엘리먼트가 웹 페이지에 표시되는지를 판단한다. 검색창을 대상으로 한 결과는 ture가 반환된다.

```
Search box is displayed: true
```

isDisplayed() 메서드는 엘리먼트가 브라우저에서 보이는 영역 안쪽에 있는지를 기준으로 판단하기 때문에, 화면 크기가 작아서 엘리먼트가 스크롤 바깥쪽에 있다면 존재하지 않는 것으로 판단한다. 테스트 작성 시 브라우저 크기에 주의해야 한다.

isEnabled() 메서드

isEnabled 메서드는 모든 웹 엘리먼트를 대상으로 엘리먼트의 활성화 여부를 확인한다. isEnabled() 메서드의 API 문법은 다음과 같다.

```
boolean isEnabled()
```

isEnabled() 메서드는 대상 엘리먼트의 활성화 여부를 불린 값으로 반환한다. 다음 예제는 검색창이 활성화돼 있는지 확인한다. 결과는 당연히 true가 반환돼야 한다.

```
@Test
public void elementStateExample() {
    WebElement searchBox = driver.findElement(By.name("q"));
    System.out.println("Search box is enabled: "
            + searchBox.isEnabled());
}
```

예제는 isEnabled() 메서드로 웹 페이지의 엘리먼트가 활성화됐는지를 확인한다. 검색창을 대상으로 한 결과는 true가 반환된다.

```
Search box is enabled: true
```

isSelected() 메서드

isSelected 메서드는 라디오 버튼, 선택 옵션, 체크박스 엘리먼트의 선택 상태를 불린으로 반환한다. 그 외 다른 엘리먼트에서 메서드를 실행하면 false가 반환된다. isSelected() 메서드의 API 문법은 다음과 같다.

```
boolean isSelected()
```

isSelected() 메서드는 웹 페이지의 대상 엘리먼트가 선택되었는지를 불린 값으로 반환한다. 다음 예제는 검색 페이지에서 검색창이 선택되었는지 확인한다.

```
@Test
public void elementStateExample() {
    WebElement searchBox = driver.findElement(By.name("q"));
    System.out.println("Search box isSelected: "
            + searchBox.isSelected());
}
```

예제에서 isSelected() 메서드를 사용했다. 검색창은 라디오 버튼, 선택 옵션, 체크박스 중 어디에도 해당되지 않기 때문에 결과는 false가 반환된다.

```
Search box is selected: false
```

 체크박스나 라디오 버튼을 선택하려면 WebElement.click() 메서드로 엘리먼트의 상태를 전환한다. 선택되었는지 여부를 확인하려면 isSelected() 메서드를 사용한다.

▌ 요약

1장에서는 셀레늄 테스트 도구와, 웹드라이버, 웹 엘리먼트의 구조를 살펴봤다. 셀레늄으로 테스트 프레임워크를 빌드하는 기반이 되는 이클립스에서 메이븐과 TestNG로 테스트 개발 환경을 만드는 방법을 배웠다. 웹 애플리케이션 테스트의 핵심인 엘리먼트를 지정하고, 사용자 액션을 실행하는 방법도 배웠다. 1장에서는 크롬 드라이버를 사용했는데 2장에서는 모질라 파이어폭스, 마이크로 소프트 인터넷 익스플로러, Edge, 애플 사파리 설정 방법을 살펴본다.

▌ 질문

1. 예, 아니요: 셀레늄은 브라우저 자동화 라이브러리다.
2. 셀레늄에서 제공하는 지정자 방식에는 어떤 것들이 있는가?
3. 예, 아니요: `getAttribute()` 메서드로 CSS 속성값을 읽어올 수 있는가?
4. 웹 엘리먼트에서 실행 가능한 액션에는 어떤 것들이 있는가?
5. 체크박스의 선택 여부를 확인하려면 어떻게 해야 하는가?

▌ 더 살펴보기

다음 링크에 1장에서 다룬 내용에 대한 더 자세한 정보가 있다.

- https://www.w3.org/TR/webdriver/의 웹드라이버 스펙
- 마크 콜린의 저서 Mastering Selenium WebDriver의 1장, 빠른 피드백 루프 만들기
- 언메시 건데차의 저서 Selenium Testing Tools Cookbook 2nd, Edition의 2장 (1판인 Selenium 웹드라이버 테스트 자동화의 1장과 2장의 일부), 엘리먼트 찾기와 3장, 엘리먼트로 작업하기

웹 브라우저를 지원하는 다양한 웹드라이버

1장에서는 셀레늄 웹드라이버의 구조와 인터페이스를 살펴봤고, 구글 크롬과 크롬 드라이버로 간단한 테스트를 해봤다. 2장에서는 모질라 파이어폭스, 마이크로소프트 인터넷 익스플로러, 마이크로소프트 Edge, 애플 사파리의 웹드라이버 구현에 대해 살펴본다. 모든 주요 브라우저 제작사는 웹드라이버가 W3C 표준이 된 뒤로 웹드라이버를 기본적으로 지원하고 있다. 2장에서 다루는 내용은 다음과 같다.

- 모질라 파이어폭스, 구글 크롬, 마이크로소프트 인터넷 익스플로러, Edge, 애플 사파리의 브라우저별 구현체 사용법
- 옵션 클래스로 브라우저를 헤드리스 모드와 사용자 프로필로 사용하는 방법
- 구글 크롬 모바일 에뮬레이션 사용법

▌ 파이어폭스 드라이버

셀레늄 3.0부터 파이어폭스 드라이버 구현 방식이 변경됐다. 파이어폭스 47 이상의 버전에서는 크롬 드라이버처럼 별도 드라이버인 게코 드라이버^{GeckoDriver}로 분리되었다.

게코 드라이버^{GeckoDriver}는 파이어폭스 같은 게코 기반 브라우저와 통신하도록 W3C 웹드라이버 프로토콜에 기재된 HTTP API를 제공한다. 게코 드라이버는 중간에서 프록시로 동작하며 웹드라이버 프로토콜을 파이어폭스 원격 프로토콜^{Marionette}로 변경한다.

게코 드라이버 사용

이 절에서는 테스트 시 파이어폭스용 게코 드라이버를 설정하는 방법을 살펴본다. 우선, https://github.com/mozilla/geckodriver/releases에서 게코 드라이버 실행파일을 다운로드한다.

운영체제와 설치된 파이어폭스 버전에 맞는 버전의 게코 드라이버를 다운로드한다. 실행파일을 /src/test/resources/drivers 폴더에 복사한다.

1장에서 작성한 검색 테스트를 게코 드라이버에 맞게 수정한다. 예제의 `setUp()` 메서드에 게코 드라이버 경로를 `webdriver.gecko.driver` 속성으로 추가한 후 `FirefoxDriver` 클래스 인스턴스를 추가한다.

```
public class SearchTestWithFirefox {

    WebDriver driver;

    @BeforeMethod
    public void setup() {

        System.setProperty("webdriver.gecko.driver",
                "./src/test/resources/drivers/geckodriver 2");

        driver = new FirefoxDriver();
```

```java
        driver.get("http://demo-store.seleniumacademy.com/");
    }

    @Test
    public void searchProduct() {

        // 검색창을 찾아 검색어를 입력한다
        WebElement searchBox = driver.findElement(By.name("q"));

        searchBox.sendKeys("Phones");

        WebElement searchButton =
                driver.findElement(By.className("search-button"));

        searchButton.click();

        assertThat(driver.getTitle())
                .isEqualTo("Search results for: 'Phones'");
    }

    @AfterMethod
    public void tearDown() {
        driver.quit();
    }
}
```

예제를 실행하면 콘솔에 게코 드라이버가 다음과 같이 실행된다.

```
1532165868138 geckodriver INFO geckodriver 0.21.0
1532165868147 geckodriver INFO Listening on 127.0.0.1:36466
```

파이어폭스가 새 창으로 실행되며 테스트가 실행된다. 테스트가 끝나면 파이어폭스 창이
닫힌다.

헤드리스 모드 사용

헤드리스 모드는 파이어폭스에서 셀레늄 웹드라이버 자동화 테스트를 실행하는 데 상당히 유용한 기능이다. 파이어폭스는 헤드리스 모드에서 정상적으로 실행되면서도 UI가 보이지 않아 훨씬 빠르고 효과적으로 테스트를 실행한다. 헤드리스 모드는 특히 CI(지속적 통합) 환경에서 유용하다.

예제와 같이 FirefoxOptions 클래스를 사용해 셀레늄 테스트를 헤드리스 모드에서 실행할 수 있다.

```java
@BeforeMethod
public void setup() {

    System.setProperty("webdriver.gecko.driver",
            "./src/test/resources/drivers/geckodriver 2");

    FirefoxOptions firefoxOptions = new FirefoxOptions();
    firefoxOptions.setHeadless(true);

    driver = new FirefoxDriver(firefoxOptions);

    driver.get("http://demo-store.seleniumacademy.com/");
}
```

예제에서는 FirefoxOptions 클래스 인스턴스를 만들어 setHeadless() 메서드를 true로 지정해 파이어폭스를 헤드리스 모드로 실행한다. 브라우저가 헤드리스 모드로 실행되면 콘솔에 다음과 같은 긴 메세지가 출력된다.

```
1532194389309 geckodriver INFO geckodriver 0.21.0
1532194389317 geckodriver INFO Listening on 127.0.0.1:21734
1532194390907 mozrunner::runner INFO Running command:
"/Applications/Firefox.app/Contents/MacOS/firefox-bin" "-marionette"
"-headless" "-foreground" "-no-remote" "-profile"
"/var/folders/zr/rdwhsjk54k5bj7yr34rfftrh0000gn/T/rust_mozprofile.
```

```
DmJCQRKVV Rs6"
*** You are running in headless mode.
```

예제를 실행하면 테스트는 헤드리스 모드에서 수행되며, 파이어폭스 창은 보이지 않는다.

파이어폭스 프로필

파이어폭스 프로필은 파이어폭스 브라우저의 암호, 북마크, 환경 설정 값 등 사용자 데이터를 보관하는 폴더다. 파이어폭스 사용자는 프로필을 여러 개 만들어 각기 다른 설정으로 브라우저를 사용할 수 있다. 모질라 공식 설명에 따르면 프로필에서 관리하는 정보는 다음과 같다.

- 북마크와 방문한 웹 페이지 기록
- 암호
- 사이트별 설정
- 검색 엔진
- 개인 사전
- 자동 완성 기록
- 다운로드 기록
- 쿠키
- DOM 저장소
- 보안 인증서 설정
- 보안 디바이스 설정
- 다운로드 동작
- MIME 타입 플러그인
- 세션 저장

- 사용자 정의 툴바
- 사용자 스타일

프로필의 생성과 이름 변경, 삭제는 다음과 같이 수행한다.

1. 파이어폭스 프로필 매니저를 실행한다. 먼저, 커맨드창에서 파이어폭스가 설치된 디렉터리로 이동한다. 윈도우에선 보통 Program Files 안에 위치한다. firefox. exe 파일을 찾았으면 아래 명령어를 실행한다.

```
/path/to/firefox -p
```

명령어를 입력해 나타난 프로필 매니저의 모습은 다음과 같다.

명령어를 입력하기 전에 열려 있는 파이어폭스 인스턴스가 없는지 확인한다.

2. **프로필 만들기**Create Profile... 버튼으로 새로운 프로필을 만든다. **프로필 이름 변경**Rename Profile... 버튼은 프로필 이름을 변경하고, **프로필 삭제**Delete Profile... 버튼은 프로필을 삭제한다.

다시 웹드라이버 설명을 계속하면, 파이어폭스 드라이버 인스턴스를 생성하면 웹드라이버가 사용할 임시 프로필이 만들어진다. 현재 실행되고 있는 파이어폭스 인스턴스의 프로필 정보는 **도움말**^{Help} ❭ **문제 해결 정보**^{Troubleshooting Information} 메뉴에서 확인할 수 있다.

문제 해결 정보^{Troubleshooting Information} 창에는 프로필에 해당하는 파이어폭스 인스턴스의 상세 정보가 있다. 스크린샷의 모습은 다음과 같다.

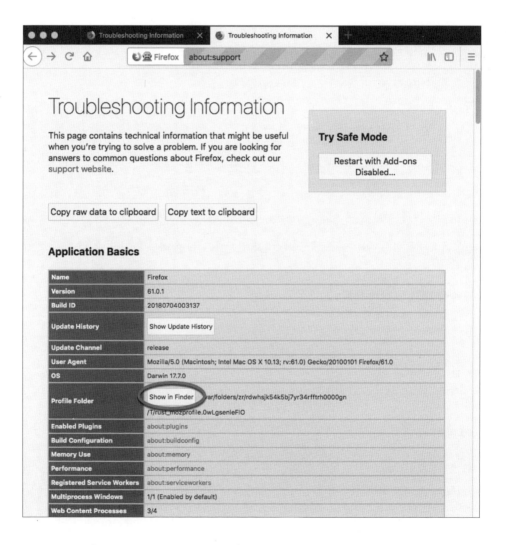

타원으로 표시한 부분에 프로필 폴더를 여는 버튼이 있다. **폴더 열기**^{Show Folder} 버튼을 클릭하면 현재 파이어폭스 인스턴스의 프로필 폴더로 이동한다. 파이어폭스 드라이버로 파이어폭스 인스턴스를 실행한 후 프로필 위치를 확인해보자.

다음 예제를 사용해 파이어폭스 브라우저를 실행한다.

```java
public class FirefoxProfile {
  public static void main(String... args) {
    System.setProperty("webdriver.gecko.driver",
    "./src/test/resources/drivers/geckodriver 2");
    FirefoxDriver driver = new FirefoxDriver();
    driver.get("http://www.google.com"); }
}
```

예제를 실행하면 브라우저 인스턴스가 하나 생성된다. **도움말**^{Help} ❯ **문제 해결 정보**^{Troubles hooting Information}로 이동해 프로필 폴더를 열고 현재 웹드라이버의 프로필을 확인해보자. 파이어폭스 드라이버로 인스턴스를 만들 때마다 새로운 프로필이 생성된다. 한 단계 상위 폴더로 이동하면, 파이어폭스 드라이버가 만든 프로필 폴더를 확인할 수 있다.

화면에서 그동안 파이어폭스 인스턴스가 만든 프로필 폴더를 확인할 수 있다.

지금까지 파이어폭스 프로필이 무엇인지 알아봤으며, 웹드라이버로 브라우저를 열 때마다 새로운 프로필이 만들어지는 것을 확인했다. 지금부터는 웹드라이버 API를 사용해 사용자 정의 프로필을 생성해보자. 다음은 웹드라이버 라이브러리를 사용해서 파이어폭스 프로필을 만들고 브라우저 제공 옵션을 원하는 대로 변경하는 예제다.

```java
public class FirefoxCustomProfile {
    public static void main(String... args) throws IOException {

        System.setProperty("webdriver.gecko.driver",
                "./src/test/resources/drivers/geckodriver 2");

        FirefoxProfile profile = new FirefoxProfile();

        FirefoxOptions firefoxOptions = new FirefoxOptions();
        firefoxOptions.setProfile(profile);

        FirefoxDriver driver = new FirefoxDriver(firefoxOptions);
        try {
            driver.get("http://www.google.com");
        } finally {
            driver.quit();
        }
    }
}
```

예제의 FirefoxCustomProfile은 사용자 정의 프로필로 파이어폭스 브라우저 인스턴스를 생성하기 위한 클래스다. 이제 다양한 옵션과 속성으로 클래스 인스턴스를 만들 수 있다. FirefoxProfile에는 두 가지 생성자가 있다. 하나는 빈 프로필을 만들어 필요한 설정을 채워 넣는다. 또 다른 생성자는 아래와 같이 이미 존재하는 프로필 디렉터리에서 프로필 인스턴스를 생성한다.

```java
public FirefoxProfile(java.io.File profileDir)
```

파라미터로 입력하는 profileDir는 프로필 디렉터리의 경로를 나타낸다. 프로필 디렉터리는 앞선 스크린샷에서 봤던 프로필 디렉터리 중 하나다. 이번에는 프로필을 불러와 커스터마이징한 파이어폭스 브라우저를 사용하는 예제를 알아보자.

파이어폭스 확장 기능 추가

이번 절은 프로필을 사용해서 파이어폭스 브라우저에 확장 기능을 추가하는 내용을 다룬다. 웹드라이버가 새로운 파이어폭스 브라우저 인스턴스를 생성하면 프로필도 새로 생성된다. 새로 생성된 프로필은 아무런 확장 기능도 설치돼 있지 않다. 프로필을 사용해 웹드라이버가 파이어폭스 브라우저 인스턴스를 생성할 때마다 확장 기능을 추가할 수 있다.

FirefoxProfile에서 제공하는 addExtension() 메서드로 프로필을 변경해보자. 이 메서드는 파이어폭스 브라우저에 확장 기능을 추가한다.

API 문법은 다음과 같다.

```
public void addExtension(java.io.File extensionToInstall) throws java.
io.IOException
```

메서드에 전달하는 인자는 파이어폭스에 이미 설치돼 있는 XPI 파일이다. 웹드라이버가 파일을 찾지 못하면 IOException이 발생한다. 다음 예제는 기본 프로필을 오버로드하여 파이어폭스 브라우저에 Xpath Finder 확장 기능을 추가한다.

```
public class FirefoxCustomProfile {
    public static void main(String... args) throws IOException {

        System.setProperty("webdriver.gecko.driver",
                "./src/test/resources/drivers/geckodriver 2");

        FirefoxProfile profile = new FirefoxProfile();
        profile.addExtension(
                new File("./src/test/resources/extensions/xpath_finder.
                xpi"));
```

```
        FirefoxOptions firefoxOptions = new FirefoxOptions();
        firefoxOptions.setProfile(profile);

        FirefoxDriver driver = new FirefoxDriver(firefoxOptions);

        try {
            driver.get("http://www.google.com");
        } finally {
            //driver.quit();
        }
    }
}
```

파이어폭스 드라이버가 띄운 파이어폭스 브라우저를 살펴보면, Xpath Finder 확장 기능이 설치된 것을 확인할 수 있다. 콘솔에는 브라우저에 확장 기능을 설치했다는 메시지가 출력된다.

1532196699704 addons.xpi-utils DEBUG New add-on

xPathFinder@0.9.3 installed in app-profile

프로필 저장과 불러오기

브라우저의 프로필 정보를 JSON 파일로 저장해서 새로운 브라우저의 인스턴스를 만들 때 사용할 수 있다. FirefoxProfile 클래스는 프로필 정보를 JSON 파일로 내보내는 메서드가 있다. API 문법은 다음과 같다.

```
public String toJson()
```

위 메서드는 JSON 정보를 String 타입으로 반환한다.

FirefoxProfile 클래스에서 제공하는 JSON 문자열을 입력받는 정적 메서드로 같은 프로필로 브라우저 인스턴스를 생성할 수 있다. API 문법은 다음과 같다.

```
public static FirefoxProfile fromJson(java.lang.String json) throws java.
io.IOException
```

FirefoxProfile의 정적 메서드는 입력받은 JSON 문자열로 프로필을 만든다. 아래 예제를 살펴보자.

```
FirefoxProfile profile = new FirefoxProfile();
profile.addExtension(
        new File("./src/test/resources/extensions/xpath_finder.xpi"));
String json = profile.toJson();
FirefoxOptions firefoxOptions = new FirefoxOptions();
firefoxOptions.setProfile(FirefoxProfile.fromJson(json));
```

예제는 프로필 정보를 JSON 문자열로 내보낸다. 테스트 케이스에서는 JSON 정보를 파일에 저장할 수 있다. FirefoxOptions 클래스로 저장한 JSON 파일을 읽어 파이어폭스 드라이버 인스턴스를 생성할 수 있다.

파이어폭스 환경 설정

앞에서 파이어폭스 프로필과 파이어폭스 사용자 정의 프로필을 만드는 방법을 알아봤다. 이번 절에서는 생성한 프로필의 환경 설정을 변경하는 방법과 파이어폭스 드라이버가 프로필을 저장하는 장소에 대해 살펴본다.

파이어폭스의 환경 설정이란 사용자가 정의할 수 있는 값이나 동작을 의미한다. 설정 값은 설정 파일에 저장한다. **도움말**Help ▶ **문제 해결 정보**Troubleshooting Information에서 **폴더 열기** Show Folder 버튼을 클릭해 프로필 디렉터리를 열면 설정 파일 두 개를 찾을 수 있다. prefs. js와 user.js 파일이 설정 파일이다. 파이어폭스는 동작하는 동안 사용자의 기본 설정 값을 prefs.js 파일에 기록한다. 사용자의 선택에 따라 새로운 설정 값을 쓸 수 있는데, 이때 저장하는 파일이 user.js다. user.js의 설정 값은 다른 모든 설정 값에 우선해 적용된다.

파이어폭스 드라이버는 user.js 파일에서 파이어폭스의 기본 설정 값을 우선 적용한다. 새로운 설정을 추가하면, 파이어폭스 드라이버는 user.js 설정 파일에 이러한 내용을 기록해 파이어폭스 브라우저를 최신 프로필로 실행한다.

프로필 디렉터리에서 user.js 파일을 찾아 열어보자. 아래 목록은 파이어폭스 드라이버의 기본 환경 설정 값이다.

```
user_pref("app.normandy.api_url", "");
user_pref("app.update.auto", false);
user_pref("app.update.enabled", false);
user_pref("browser.EULA.3.accepted", true);
user_pref("browser.EULA.override", true);
user_pref("browser.displayedE10SNotice", 4);
user_pref("browser.dom.window.dump.enabled", true);
user_pref("browser.download.manager.showWhenStarting", false);
user_pref("browser.laterrun.enabled", false);
user_pref("browser.link.open_external", 2);
user_pref("browser.link.open_newwindow", 2);
user_pref("browser.newtab.url", "about:blank");
user_pref("browser.newtabpage.enabled", false);
user_pref("browser.offline", false);
user_pref("browser.reader.detectedFirstArticle", true);
user_pref("browser.safebrowsing.blockedURIs.enabled", false);
user_pref("browser.safebrowsing.downloads.enabled", false);
user_pref("browser.safebrowsing.enabled", false);
user_pref("browser.safebrowsing.malware.enabled", false);
user_pref("browser.safebrowsing.passwords.enabled", false);
user_pref("browser.safebrowsing.phishing.enabled", false);
user_pref("browser.search.update", false);
user_pref("browser.selfsupport.url", "");
user_pref("browser.sessionstore.resume_from_crash", false);
user_pref("browser.shell.checkDefaultBrowser", false);
user_pref("browser.showQuitWarning", false);
user_pref("browser.snippets.enabled", false);
user_pref("browser.snippets.firstrunHomepage.enabled", false);
```

```
user_pref("browser.snippets.syncPromo.enabled", false);
user_pref("browser.startup.homepage", "about:blank");
user_pref("browser.startup.homepage_override.mstone", "ignore");
user_pref("browser.startup.page", 0);
user_pref("browser.tabs.closeWindowWithLastTab", false);
user_pref("browser.tabs.warnOnClose", false);
user_pref("browser.tabs.warnOnOpen", false);
user_pref("browser.uitour.enabled", false);
user_pref("browser.usedOnWindows10.introURL", "about:blank");
user_pref("browser.warnOnQuit", false);
user_pref("datareporting.healthreport.about.reportUrl", "http://%(server)s/
dummy/abouthealthreport/");
user_pref("datareporting.healthreport.documentServerURI", "http://%(server)s/
dummy/healthreport/");
user_pref("datareporting.healthreport.logging.consoleEnabled", false);
user_pref("datareporting.healthreport.service.enabled", false);
user_pref("datareporting.healthreport.service.firstRun", false);
user_pref("datareporting.healthreport.uploadEnabled", false);
user_pref("datareporting.policy.dataSubmissionEnabled", false);
user_pref("datareporting.policy.dataSubmissionPolicyAccepted", false);
user_pref("datareporting.policy.dataSubmissionPolicyBypassNotification",
true);
user_pref("devtools.errorconsole.enabled", true);
user_pref("dom.disable_open_during_load", false);
user_pref("dom.ipc.reportProcessHangs", false);
user_pref("dom.max_chrome_script_run_time", 30);
user_pref("dom.max_script_run_time", 30);
user_pref("dom.report_all_js_exceptions", true);
user_pref("extensions.autoDisableScopes", 10);
user_pref("extensions.blocklist.enabled", false);
user_pref("extensions.checkCompatibility.nightly", false);
user_pref("extensions.enabledScopes", 5);
user_pref("extensions.installDistroAddons", false);
user_pref("extensions.logging.enabled", true);
user_pref("extensions.shield-recipe-client.api_url", "");
user_pref("extensions.showMismatchUI", false);
user_pref("extensions.update.enabled", false);
```

```
user_pref("extensions.update.notifyUser", false);
user_pref("focusmanager.testmode", true);
user_pref("general.useragent.updates.enabled", false);
user_pref("geo.provider.testing", true);
user_pref("geo.wifi.scan", false);
user_pref("hangmonitor.timeout", 0);
user_pref("javascript.enabled", true);
user_pref("javascript.options.showInConsole", true);
user_pref("marionette.log.level", "INFO");
user_pref("marionette.port", 51549);
user_pref("network.captive-portal-service.enabled", false);
user_pref("network.http.phishy-userpass-length", 255);
user_pref("network.manage-offline-status", false);
user_pref("network.sntp.pools", "%(server)s");
user_pref("offline-apps.allow_by_default", true);
user_pref("plugin.state.flash", 0);
user_pref("prompts.tab_modal.enabled", false);
user_pref("security.csp.enable", false);
user_pref("security.fileuri.origin_policy", 3);
user_pref("security.fileuri.strict_origin_policy", false);
user_pref("services.settings.server", "http://%(server)s/dummy/blocklist/");
user_pref("signon.rememberSignons", false);
user_pref("startup.homepage_welcome_url", "");
user_pref("startup.homepage_welcome_url.additional", "about:blank");
user_pref("toolkit.networkmanager.disable", true);
user_pref("toolkit.startup.max_resumed_crashes", -1);
user_pref("toolkit.telemetry.enabled", false);
user_pref("toolkit.telemetry.prompted", 2);
user_pref("toolkit.telemetry.rejected", true);
user_pref("toolkit.telemetry.server", "https://%(server)s/dummy/telemetry/");
user_pref("webdriver_accept_untrusted_certs", true);
user_pref("webdriver_assume_untrusted_issuer", true);
user_pref("xpinstall.signatures.required", false);
user_pref("xpinstall.whitelist.required", false);
```

파이어폭스 드라이버는 위의 내용을 고정 설정 값$^{Frozen\ Preferences}$으로 지정해서 스크립트에서 변경하는 것을 허용하지 않는다. 하지만 몇 가지 설정 값은 변경할 수 있는데, 이 부분은 뒤에서 살펴보기로 한다.

환경 설정 다루기

이번 절은 브라우저의 환경 설정을 변경하는 방법을 살펴본다. 예제를 통해 브라우저의 유저 에이전트$^{user\ agent}$를 변경하는 방법을 알아보자. 대부분의 웹 애플리케이션은 메인 사이트와 모바일/m. 사이트를 보유하고 있다. 애플리케이션 서버에서 페이지 요청 유저 에이전트를 정보를 통해 모바일 사이트나 일반 사이트 중 하나로 동작한다. 따라서 노트북이나 데스크톱 브라우저에서 모바일 사이트를 테스트하려면 유저 에이전트를 변경해야 한다. 파이어폭스 드라이버로 파이어폭스 브라우저의 유저 에이전트를 변경하고 페이스북 홈페이지를 방문하는 예제를 살펴보자. 코드 실행에 앞서 FirefoxProfile 클래스에서 제공하는 setPreference() 메서드를 살펴보자.

```
public void setPreference(java.lang.String key, String value)
```

인자에서 key는 환경 정보를 나타내는 문자열이고, value는 설정할 값이다.

setPreference() 메서드를 오버라이드한 메서드가 두 개 더 있다. 하나는 다음과 같다.

```
public void setPreference(java.lang.String key, int value)
```

다른 하나는 다음과 같다.

```
public void setPreference(java.lang.String key,boolean value)
```

이제 setPreference() 메서드를 사용해 현재 브라우저의 유저 에이전트를 변경해보자.

```java
public class FirefoxSettingPreferences {
    public static void main(String... args) {

        System.setProperty("webdriver.gecko.driver",
                "./src/test/resources/drivers/geckodriver 2");

        FirefoxProfile profile = new FirefoxProfile();
        profile.setPreference("general.useragent.override",
          "Mozilla/5.0 (iPhone; CPU iPhone OS 11_0 like Mac OS X) " +
          "AppleWebKit/604.1.38 (KHTML, like Gecko) Version/11.0 " +
          " Mobile/15A356 Safari/604.1");
        FirefoxOptions firefoxOptions = new FirefoxOptions();
        firefoxOptions.setProfile(profile);
        FirefoxDriver driver = new FirefoxDriver(firefoxOptions);
        driver.get("http://facebook.com");
    }
}
```

예제에서는 setPreference 메서드를 사용했다. general.useragent.override는 환경 값을 가리키는 이름이고, 두 번째 파라미터는 환경 설정 값이다. 예제에선 iPhone 유저 에이전트를 사용했다. 이렇게 실행한 파이어폭스 브라우저의 user.js 파일을 열어보면 임 의로 만든 설정 값 정보가 들어 있는 모습을 확인할 수 있다. 이제 파이어폭스는 아래 유 저 에이전트 정보를 사용한다.

```
user_pref("general.useragent.override", "Mozilla/5.0 (iPhone; CPU iPhone OS
11_0 like Mac OS X) AppleWebKit/604.1.38 (KHTML, like Gecko) Version/11.0
Mobile/15A356 Safari/604.1");
```

예제를 실행하면 모바일 버전의 페이스북 홈페이지가 나타나는 것을 볼 수 있다.

고정 설정의 이해

앞에서 살펴봤던 user.js 파일에 길다랗게 펼쳐졌던 고정 설정[frozen preference] 목록으로 돌아가 보자. 파이어폭스 드라이버는 테스트 스크립트에서 다룰 필요가 없는 설정 값은 수정이 불가능하도록 해놓았다. 한 가지 예를 들면, browser.shell.checkDefaultBrowser 값이 있다. 파이어폭스 드라이버 구현체는 이 값을 false로 설정해서 파이어폭스 실행 시 파이어폭스를 기본 브라우저로 사용할지 묻는 창이 뜨지 않도록 한다. 그렇지 않다면 테스트 케이스를 실행할 때마다 귀찮은 일이 발생한다. 테스트 스크립트에서 이런 팝업을 다룰 필요는 없으므로 파이어폭스 드라이버는 이 설정 값을 false로 고정하고 사용자가 변경할 수 없도록 했다. 이런 이유로 이와 같은 설정을 고정 설정이라고 부른다. 이 값을 수정하면 어떻게 될까? 예제를 살펴보자.

```java
public class FirefoxFrozenPreferences {
    public static void main(String... args) {

        System.setProperty("webdriver.gecko.driver",
                "./src/test/resources/drivers/geckodriver 2");

        FirefoxProfile profile = new FirefoxProfile();
        profile.setPreference("browser.shell.checkDefaultBrowser", true);
        FirefoxOptions firefoxOptions = new FirefoxOptions();
        firefoxOptions.setProfile(profile);
        FirefoxDriver driver = new FirefoxDriver(firefoxOptions);
        driver.get("http://facebook.com");
    }
}
```

예제를 실행하면 곧바로 다음과 같은 예외가 발생하며, 덮어쓸 수 없는 값에 대한 오류 메세지가 나타난다.

```
Exception in thread "main" java.lang.IllegalArgumentException: Preference
browser.shell.checkDefaultBrowser may not be overridden: frozen value=false,
requested value=true
```

파이어폭스 드라이버가 수정할 수 없는 설정을 어떻게 처리하는지 살펴봤다. 그러나 고정 설정 중에서도 일부는 수정이 가능한데, SSL 인증서나 네이티브 이벤트가 여기에 해당한다. 수정 가능한 항목은 FirefoxProfile 클래스를 통해 메서드로 노출돼 있다. SSL 인증서 설정을 수정하는 방법을 살펴보자.

다음 코드를 실행하면 SSL 인증서에 대한 파이어폭스 기본 동작을 수정하게 된다. FirefoxProfile 클래스는 SSL 인증서를 처리하는 두 개의 메서드가 있는데, 그 중 하나는 다음과 같다.

```
public void setAcceptUntrustedCertificates(boolean acceptUntrustedSsl)
```

이 메서드는 파이어폭스에서 비공식 SSL 인증서에 대한 사용 가능 여부를 설정한다. 기본값은 true로, 파이어폭스는 비공식 SSL 인증서를 허용한다. 두 번째 메서드는 다음과 같이 선언되어 있다.

```
public void setAssumeUntrustedCertificateIssuer(boolean untrustedIssuer)
```

이 메서드는 파이어폭스에서 비공식 인증서untrusted certification나 사설 인증서selfsigned certification의 사용 여부를 설정한다. 파이어폭스는 기본적으로 발급자를 신뢰하지 않는데, 실제 서비스 환경을 가정해 이러한 인증서를 테스트 환경에서 사용할 수 있다.

webdriver_accept_untrusted_certs와 webdriver_assume_untrusted_issuer 설정은 SSL 인증서와 연관된 설정이다. 이 두 설정을 수정하는 자바 코드를 살펴보자. user.js 파일에서 볼 수 있듯이 기본값은 true로 설정되어 있다. 다음 코드로 false로 설정한다.

```
public static void main(String... args) {

    System.setProperty("webdriver.gecko.driver",
            "./src/test/resources/drivers/geckodriver 2");

    FirefoxProfile profile = new FirefoxProfile();

    profile.setAssumeUntrustedCertificateIssuer(false);
    profile.setAcceptUntrustedCertificates(false);
    FirefoxOptions firefoxOptions = new FirefoxOptions();
    firefoxOptions.setProfile(profile);

    FirefoxDriver driver = new FirefoxDriver(firefoxOptions);
    driver.get("http://facebook.com");
}
```

값을 false로 설정하고 파이어폭스 프로필 폴더에서 user.js 파일을 열어보면 속성값이 false로 설정돼 있다.

```
user_pref("webdriver_accept_untrusted_certs", false);
user_pref("webdriver_assume_untrusted_issuer", false);
```

▌ 크롬 드라이버

크롬 드라이버는 게코 드라이버와 비슷하게 동작하며 W3C 웹드라이버 프로토콜을 구현했다. 1장에서 크롬 드라이버 사용법을 살펴보았으며, 이번 절에서는 크롬 드라이버 옵션으로 헤드리스 모드, 모바일 에뮬레이션, 사용자 프로필을 사용하는 방법에 초점을 맞춘다.

헤드리스 모드 사용

크롬 드라이버로 파이어폭스처럼 헤드리스 모드로 테스트를 실행할 수 있다. 헤드리스 모드는 크롬 테스트를 훨씬 빠르고 효율적으로 실행한다. 헤드리스 모드는 특히 CI(지속적 통합) 환경에서 유용하다.

예제와 같이 ChromeOptions 클래스를 사용해 셀레늄 테스트를 헤드리스 모드에서 실행할 수 있다.

```java
@BeforeMethod
public void setup() {
    System.setProperty("webdriver.chrome.driver",
    "./src/test/resources/drivers/chromedriver");

    ChromeOptions   chromeOptions = new ChromeOptions();
    chromeOptions.setHeadless(true);

    driver = new ChromeDriver(chromeOptions);

    driver.get("http://demo-store.seleniumacademy.com/");
}
```

예제를 보면, ChromeOptions 클래스 인스턴스를 만들어 setHeadless() 메서드를 true로 설정해 크롬을 헤드리스 모드로 실행한다. 실행하는 동안 화면에 크롬 창이 보이지는 않지만 테스트는 헤드리스 모드에서 실행된다.

모바일 에뮬레이션으로 모바일 웹 애플리케이션 테스트

데스크탑용 크롬 브라우저는 개발자 도구에서 픽셀2, 넥서스7, 아이폰, 아이패드 같은 모바일 기기를 에뮬레이션하는 기능을 제공한다. 다음 그림은 아이폰용 크롬에서 예제 애플리케이션이 어떻게 나오는지를 보여준다. 다음 순서로 크롬에서 모바일 기기를 에뮬레이션해보자.

1. 크롬 브라우저로 예제 애플리케이션에 접속한다.

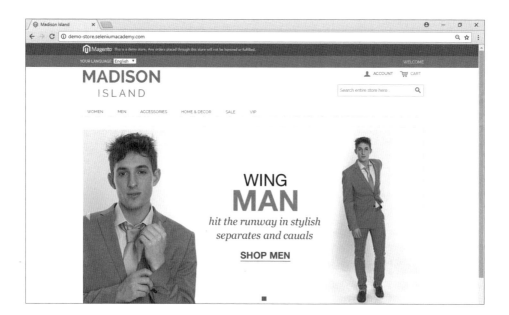

2. 개발자 도구를 열어 파란색 모바일 기기 아이콘을 클릭하고 기기를 선택한다.
   예제에서는 아이폰 X를 선택했다. 크롬 브라우저는 선택된 기기에 페이지를 다
   시 불러온다.

모바일 에뮬레이터 기능으로 개발자와 테스터는 실제 기기 없이도 모바일 기기에서 웹 사이트가 어떻게 보이는지 확인 가능하며 개발 과정을 용이하게 해준다.

ChromeOptions 설정으로 셀레늄 웹드라이버 테스트에서도 모바일 에뮬레이션 기능을 사용할 수 있다. 검색 테스트 예제를 구글 픽셀2에서 실행하도록 수정해보자.

```java
@BeforeMethod
public void setup() {

    System.setProperty("webdriver.chrome.driver",
            "./src/test/resources/drivers/chromedriver");

    Map<String, Object> deviceMetrics = new HashMap<>();
```

```
        deviceMetrics.put("width", 411);
        deviceMetrics.put("height", 823);
        deviceMetrics.put("pixelRatio", 3.0);

        Map<String, Object> mobileEmulation = new HashMap<>();
        mobileEmulation.put("deviceMetrics", deviceMetrics);
        mobileEmulation.put("userAgent", "Mozilla/5.0 (Linux; Android 8.0.0;" +
                "Pixel 2 XL Build/OPD1.170816.004) AppleWebKit/537.36 (KHTML,
                like Gecko) " +
                "Chrome/67.0.3396.99 Mobile Safari/537.36");

        ChromeOptions chromeOptions = new ChromeOptions();
        chromeOptions.setExperimentalOption("mobileEmulation",
        mobileEmulation);

        driver = new ChromeDriver(chromeOptions);
        driver.get("http://demo-store.seleniumacademy.com/");
    }
```

예제는 크롬을 실행할 때 모바일 에뮬레이션 기능을 활성화하고 모바일 버전의 웹사이트
를 연다. 우선 자바 HashMap으로 너비와 높이 같은 기기 정보를 설정한다. 예제에서는
deviceMetrics 변수를 다음과 같이 설정한다.

```
Map<String, Object> deviceMetrics = new HashMap<>();
    deviceMetrics.put("width", 411);
    deviceMetrics.put("height", 823);
    deviceMetrics.put("pixelRatio", 3.0);
```

이어서 deviceMetrics와 userAgent 문자열을 넣을 HashMap 변수 mobileEmulation
을 만든다. userAgent에는 Pixel 2 XL과 같은 모바일 기기 식별 정보와 렌더링 엔진 버
전이 들어간다.

```
Map<String, Object> mobileEmulation = new HashMap<>();
    mobileEmulation.put("deviceMetrics", deviceMetrics);
    mobileEmulation.put("userAgent", "Mozilla/5.0 (Linux; Android 8.0.0;" +
            "Pixel 2 XL Build/OPD1.170816.004) AppleWebKit/537.36 (KHTML,
            like Gecko) " +
            "Chrome/67.0.3396.99 Mobile Safari/537.36");
```

끝으로 ChromeOptions 클래스 인스턴스를 만들어 setExperimentalOption() 메서드에
mobileEmulation 변수를 전달한다.

```
ChromeOptions chromeOptions = new ChromeOptions();
chromeOptions.setExperimentalOption("mobileEmulation", mobileEmulation);

driver = new ChromeDriver(chromeOptions);
```

예제는 모바일 버전의 애플리케이션을 열고 셀레늄은 테스트를 실행한다.

설정이 끝난 모바일 기기의 userAgent 문자열을 확인할 수 있다. 다음과 같은 화면의 크
롬 개발자 도구의 Network 탭에서 페이지를 새로 고침하고 목록 첫 번째 항목의 Headers
탭에서 User-Agent 값을 복사하자.

 TIP ChromeOptions 클래스의 setExperimentalOptions() 메서드로 다양한 크롬 설정을 변경할 수 있다.

크롬 확장 기능 추가

파이어폭스처럼 크롬도 특정 확장 기능의 위치로 확장 기능을 추가할 수 있다. Chrome Options 클래스로 압축 파일(.crx 파일)이나 압축이 풀린(폴더) 확장 기능을 추가할 수 있다.

addExtension() 메서드로 압축된 확장 기능을 추가해보자.

```
ChromeOptions chromeOptions = new ChromeOptions();
chromeOptions.addExtensions(new File("/path/to/extension.crx"));
ChromeDriver driver = new ChromeDriver(chromeOptions);
```

압축이 풀린 확장 기능을 추가하려면 **addArguments()** 메서드를 사용한다. 크롬을 실행
하면 지정한 디렉터리의 확장 기능을 읽어들인다.

```
ChromeOptions chromeOptions = new ChromeOptions();
chromeOptions.addArguments("load-extension=/path/to/extension");
ChromeDriver driver = new ChromeDriver(chromeOptions);
```

같은 방식으로 크롬 옵션을 사용해서 더 많은 확장 기능, 실행 인자, 바이너리를 추가할
수 있다.

▌ 인터넷 익스플로러 드라이버

인터넷 익스플로러에서 테스트 스크립트를 실행하려면 웹드라이버에서 제공하는 인터넷
익스플로러 드라이버가 필요하다. 크롬이나 파이어폭스처럼 https://www.selenium.
dev/downloads/에서 IEDriver 서버 실행파일을 다운로드해야 한다.

IEDriver 서버는 C++로 작성된 IEThreadExplorer 클래스로 컴포넌트 객체 모델^{Component}
Object Model을 사용해 IE 브라우저를 제어한다.

IE 브라우저를 사용하는 테스트 스크립트 작성

여기까지 왔으면 인터넷 익스플로러에서의 테스트 준비가 끝났다. 다음은 Internet
ExplorerDriver 인스턴스를 만드는 예제다.

```java
public class SearchTest {

    WebDriver driver;

    @BeforeMethod
    public void setup() {

        System.setProperty("webdriver.ie.driver",
                "./src/test/resources/drivers/IEDriverServer.exe");

        driver = new InternetExplorerDriver();
        driver.get("http://demo-store.seleniumacademy.com/");
    }

    @Test
    public void searchProduct() {

        // 검색창을 찾아 검색어를 입력한다
        WebElement searchBox = driver.findElement(By.name("q"));

        searchBox.sendKeys("Phones");

        WebElement searchButton =
                driver.findElement(By.className("search-button"));

        searchButton.click();

        assertThat(driver.getTitle())
                .isEqualTo("Search results for: 'Phones'");
    }

    @AfterMethod
    public void tearDown() {
        driver.quit();
    }
}
```

IEDriver 기능 이해

이번 절에서는 인터넷 익스플로러 드라이버의 중요한 기능 몇 가지를 살펴본다. IEDriver에서 보호 모드 영역을 무시하도록 설정하는 예제는 다음과 같다.

```
DesiredCapabilities ieCapabilities = DesiredCapabilities.
internetExplorer();
ieCapabilities.setCapability(InternetExplorerDriver.INTRODUCE_FLAK
INESS_BY_IGNORING_SECURITY_DOMAINS,true);
```

IEDriver는 INTRODUCE_FLAKINESS_BY_IGNORING_SECURITY_DOMAINS 외에도 다양한 환경 설정이 가능하다. 아래 표는 사용 가능한 환경 설정 목록과 부연 설명이다.

설정 값 이름	설정 가능 값	설명
INITIAL_BROWSER_URL	http://www.google. com과 같은 URL	브라우저가 처음 구동될 때 자동으로 띄울 페이지 URL
INTRODUCE_ FLAKINESS_BY_ IGNORING_SECURITY_ DOMAINS	True나 False	IEDriverServer가 브라우저 보안 도메인 설정을 무시할지 여부
NATIVE_EVENTS	True나 False	IEDriver 서버가 마우스나 키보드 액션 같은 이벤트에 자바스크립트 이벤트를 사용할지, 네이티브 이벤트를 사용할지를 표시한다.
REQUIRE_WINDOW_ FOCUS	True나 False	True로 설정되어 있으면 IE 브라우저 윈도우가 포커스를 가진다. 네이티브 이벤트를 사용할 때 특히 유용하다.
ENABLE_PERSISTENT_ HOVERING	True나 False	True로 설정돼 있으면 IEDriver는 마우스 오버 이벤트를 계속 발생시킨다. 특히 IE가 마우스 오버 이벤트를 처리하는 이슈에서 중요하다.
IE_ENSURE_CLEAN_ SESSION	True나 False	True로 설정돼 있으면 IE 실행 시 쿠키, 캐시, 방문 기록, 폼 저장 기록을 모두 초기화하고 실행한다.

설정 값 이름	설정 가능 값	설명
IE_SET_PROXY_BY_SERVER	True나 False	True로 설정돼 있으면 IEDriver 서버를 프록시로 이용하고, False로 설정돼 있으면 프록시 서버를 결정하기 위해 Windows ProxyManager를 사용한다.

■ Edge 드라이버

마이크로소프트 Edge는 마이크로소프트 윈도우 10에서 제공하는 최신 웹 브라우저다. 마이크로소프트 Edge는 W3C 웹드라이버 표준을 구현하고 셀레늄 웹드라이버 지원을 내장하기 시작한 브라우저 중 하나다.

인터넷 익스플로러처럼 마이크로소프트 Edge 브라우저에서 테스트를 실행하려면 Edge 드라이버와 마이크로소프트 웹드라이버 서버를 사용해야 한다. 마이크로소프트 웹드라이버 서버는 마이크로소프트 Edge 개발 팀에서 담당하고 있다. https://docs.microsoft.com/en-gb/microsoft-edge/webdriver에서 더 많은 정보를 얻을 수 있다.

Edge 브라우저를 사용하는 테스트 스크립트 작성

마이크로소프트 웹드라이버 서버를 설정하고 마이크로소프트 Edge 브라우저에서 검색 기능 테스트를 실행해보자. 윈도우 10에서 마이크로소프트 웹드라이버 서버를 다운로드해 설치한다(https://developer.microsoft.com/en-us/microsoft-edge/tools/webdriver/).

```java
public class SearchTest {

    WebDriver driver;

    @BeforeMethod
    public void setup() {
```

```
        System.setProperty("webdriver.edge.driver",
                "./src/test/resources/drivers/MicrosoftWebDriver.exe");

        EdgeOptions options = new EdgeOptions();
        options.setPageLoadStrategy("eager");
        driver = new EdgeDriver(options);
        driver.get("http://demo-store.seleniumacademy.com/");
    }

    @Test
    public void searchProduct() {

        // 검색창을 찾아 검색어를 입력한다
        WebElement searchBox = driver.findElement(By.name("q"));

    searchBox.sendKeys("Phones");

    WebElement searchButton =
            driver.findElement(By.className("search-button"));

    searchButton.click();

    assertThat(driver.getTitle())
            .isEqualTo("Search results for: 'Phones'");
    }

    @AfterMethod
    public void tearDown() {
        driver.quit();
    }
}
```

마이크로소프트 웹드라이버 서버는 웹드라이버의 JSON 와이어 프로토콜을 구현한 단독
실행 가능한 서버로 테스트 스크립트와 마이크로소프트 Edge 브라우저를 연결해준다.
예제에서는 앞서 살펴본 다른 브라우저들처럼 `webdriver.edge.driver` 속성으로 실행
파일 경로를 설정했다.

EdgeOptions 클래스로 페이지 로드 전략을 eager로 설정한다.

```
EdgeOptions options = new EdgeOptions();
options.setPageLoadStrategy("eager");
```

셀레늄 웹드라이버가 URL을 방문하면 기본적으로 페이지가 완전히 로드될 때까지 기다렸다가 명령을 내린다. 대부분의 경우 문제없이 동작하지만, 페이지에 외부 리소스가 많은 경우 대기 시간이 길어질 수 있다. 페이지 로드 전략을 eager로 설정하면 테스트를 더 빨리 실행할 수 있다. eager 페이지 로드 전략은 HTML을 다운로드하고 파싱한 뒤 발생하는 DOMContentLoaded 이벤트를 기다렸다 동작한다. 이벤트 발생 시점에 이미지와 같은 다른 리소스는 로딩 중일 수도 있다. 엘리먼트를 동적으로 로딩하는 경우 올바르게 동작하지 않을 수도 있다.

▌ 사파리 드라이버

셀레늄 3.0과 웹드라이버는 W3C 표준이 됐고 애플은 브라우저에 사파리 드라이버를 내장했다. 별도로 다운로드할 필요는 없지만 셀레늄 웹드라이버를 동작시키려면 아래와 같이 사파리 메뉴의 **개발자용** Develop **〉 원격 자동화 허용** Allow Remote Automation 옵션을 설정해야 한다.

원격 자동화 허용

사파리용 테스트 스크립트 작성

바로 알아보자. 다음 예제는 사파리 드라이버를 사용한 테스트 스크립트다.

```
public class SearchTest {

    WebDriver driver;

    @BeforeMethod
```

```
public void setup() {

    driver = new SafariDriver();
    driver.get("http://demo-store.seleniumacademy.com/");
}

@Test
public void searchProduct() {

    // 검색창을 찾아 검색어를 입력한다
    WebElement searchBox = driver.findElement(By.name("q"));

    searchBox.sendKeys("Phones");

    WebElement searchButton =
            driver.findElement(By.className("search-button"));

    searchButton.click();

    assertThat(driver.getTitle())
            .isEqualTo("Search results for: 'Phones'");
}

@AfterMethod
public void tearDown() {
    driver.quit();
}
}
```

예제에서는 SafariDriver 클래스 인스턴스를 만들어 사파리 브라우저를 실행하고 테스트를 실행한다.

█ 요약

2장에서는 널리 사용되고 있는 웹드라이버 구현체를 중점적으로 살펴봤다. 각 브라우저별 주요 설정 옵션 몇 가지와 사용자 프로필 및 모바일 에뮬레이션을 사용하는 방법도 살펴봤다. 모든 드라이버는 핵심 기술인 JSON 와이어 프로토콜 기반으로 구현됐다.

▌ 질문

1. 웹드라이버가 W3C 표준에 포함되었다는 의미는 무엇인가?
2. 예, 아니요: 웹드라이버는 인터페이스인가?
3. 헤드리스 모드를 지원하는 브라우저는 어떤 것이 있는가?
4. 크롬에서 모바일 웹사이트를 테스트하는 방법은 무엇인가?

▌ 더 살펴보기

다음 링크에 2장에서 다룬 내용에 대한 더 자세한 정보가 있다.

- https://www.w3.org/TR/webdriver/의 웹드라이버 스펙
- 게코 드라이버와 기능에 대한 더 자세한 내용을 https://github.com/mozilla/geckodriver에서 볼 수 있다.
- 크롬 드라이버 기능에 대한 더 자세한 내용을 http://chromedriver.chromium.org/capabilities에서, 모바일 에뮬레이션에 대한 더 자세한 내용을 http://chromedriver.chromium.org/capabilities에서 볼 수 있다.
- Edge 드라이버의 기능에 대한 더 자세한 내용을 https://docs.microsoft.com/en-gb/microsoft-edge/webdriver에서 볼 수 있다.

03

자바 8 기능 사용

셀레늄 3.0은 자바 8을 기반으로 변경됐으며 스트림 API, 람다, 익명 함수 같은 자바 8의 새로운 기능을 사용해 함수형 프로그래밍 방식으로 스크립트를 작성할 수 있다. 코드 줄 수를 줄이면서 언어에 추가된 새 기능의 장점을 누릴 수 있다. 3장에서는 다음 주제를 다룬다.

- 자바 8 스트림 API
- 스트림 API를 사용한 데이터 수집과 필터링
- 셀레늄 웹드라이버에서 스트림 API 사용

자바 8 스트림 API 소개

자바 8 컬렉션 API에는 스트림 API가 추가됐다. 스트림 API는 객체 컬렉션을 다루는 새로운 방법을 제공한다. 스트림은 엘리먼트를 순차적인 흐름으로 표현하고 다양한 동작 (filter, sort, map, collect)을 지원한다. 다음 그림과 같이 데이터를 조회해서 여러 동작을 차례로 연결할 수 있다.

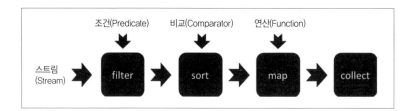

컬렉션의 .stream() 메서드로 스트림을 가져올 수 있다. 예를 들어, 예제 웹 애플리케이션의 헤더 영역에는 지원하는 언어 목록이 표시된다. 언어 목록을 리스트로 가져오면 다음과 같은 모양이 된다.

```
List<String> languages = new ArrayList<String>();
languages.add("English");
languages.add("German");
languages.add("French");
```

리스트 내용을 출력하려면 for 문을 다음과 같이 사용한다.

```
for(String language : languages) {
    System.out.println(language);
}
```

languages 리스트에서 .stream() 메서드로 가져온 스트림에, 스트림 API를 사용해 리스트 내용을 출력할 수 있다.

```
languages.stream().forEach(System.out::println);
```

스트림 각각의 엘리먼트에 적용할 동작을 인자로 forEach() 메서드를 호출했다. 실행 결과는 System.out.println 메서드로 리스트 내용을 콘솔에 출력한다.

Stream.filter()

filter() 메서드로 스트림을 필터링할 수 있다. languages 리스트에서 E로 시작하는 리스트를 얻는 예제는 다음과 같다.

```
stream.filter( item -> item.startsWith("E") );
```

filter() 메서드는 필터링 조건인 Predicate 타입을 인자로 받는다. Predicate 인터페이스에는 하나의 인자를 받아 불린 값을 반환하는 boolean test(T t) 함수가 있다. 예제에서는 test() 함수로 람다 표현식인 item -> item.startsWidth("E")를 사용했다.

스트림에서 filter() 메서드를 호출하면 인자로 전달된 함수는 내부에 저장된다. 스트림 항목은 즉시 필터링되지 않는다.

filter() 함수에 전달한 인자는 스트림 항목을 처리하고 포함 조건에 맞는 항목을 골라낸다. Predicate.test() 함수는 처리한 항목에 true나 false를 반환한다. 예제에서의 test() 함수는 알파벳 E로 시작하는 항목에 true를 반환한다.

Stream.sort()

sort() 함수를 사용해 스트림을 정렬할 수 있다. languages 리스트에 sort() 함수를 사용하는 예제는 다음과 같다.

```
languages.stream().sorted();
```

languages 리스트를 알파벳 순으로 정렬한다.

Stream.map()

스트림 API는 스트림 데이터를 다른 모양으로 매핑하는 map() 메서드를 제공한다. 스트림의 항목을 새로운 객체로 매핑할 수 있다. 앞선 예제에서 languages 리스트 엘리먼트를 대문자로 변경하는 방법은 다음과 같다.

```
languages.stream().map(item -> item.toUpperCase());
```

문자열로 구성된 languages 컬렉션의 모든 엘리먼트를 대문자로 매핑한다. 다시 말하지만 실제로 매핑을 수행하지는 않는다. 스트림을 매핑하도록 설정만 해놓고, 스트림 처리 메서드가 실행될 때 매핑(과 필터링)이 실행된다.

Stream.collect()

스트림은 스트림 인터페이스를 처리하는 collect() 메서드를 제공한다. collect() 메서드를 실행하면 필터링과 매핑을 실행하고 얻은 결과 객체를 새로운 컬렉션으로 만들어준다. 앞선 예제에서 languages 리스트를 대문자로 변경해 새로운 리스트를 얻는 방법은 다음과 같다.

```
List<String> upperCaseLanguages = languages.stream()
        .map(item -> item.toUpperCase())
        .collect(Collectors.toList());

System.out.println(upperCaseLanguages);
```

116

예제는 스트림을 만들어 대문자로 변환하는 `map` 메서드를 추가하고 결과 객체를 새로운 리스트로 만든다. `filter`나 `sort` 메서드를 실행한 결과에도 `collect` 메서드를 사용해 새로운 컬렉션으로 만들 수 있다.

Stream.min()과 Stream.max()

스트림 API에는 스트림의 최솟값과 최댓값을 찾는 `min()`과 `max()` 메서드가 제공된다.

테스트 중인 예제 애플리케이션에서 검색 결과로 나온 제품 중 최저가 제품과 최고가 제품을 찾는 새로운 예제를 만들어보자. 이름과 가격을 저장하는 간단한 Product 자바 클래스를 만든다. 두 개의 속성을 갖는 Product 클래스는 다음과 같다.

```
class Product {
    String name;
    Double price;

    public Product(String name, double price) {
        this.name = name;
        this.price = price;
    }

    public String getName() {
        return name;
    }

    public Double getPrice() {
        return price;
    }
}
```

제품 검색 결과 목록은 다음과 같이 만든다.

```
List<Product> searchResult = new ArrayList<>();
searchResult.add(new Product("MADISON OVEREAR HEADPHONES", 125.00));
searchResult.add(new Product("MADISON EARBUDS", 35.00));
searchResult.add(new Product("MP3 PLAYER WITH AUDIO", 185.00));
```

정렬 기준으로 사용할 속성을 .min() 함수에 넣어 호출한다. 예제에서는 가격을 기준 값으로 사용하고자 .getPrice() 메서드를 사용했다. .min() 함수는 최저가 상품을 찾아 반환한다.

```
Product product = searchResult.stream()
        .min(Comparator.comparing(item -> item.getPrice()))
        .get();

System.out.println("The product with lowest price is " +
product.getName());
```

get() 메서드는 min() 함수의 결과값을 반환한다. 결과는 Product 클래스 인스턴스로 저장한다. min() 함수는 최저가 제품으로 MADISON EARBUDS를 찾으며, 콘솔에는 다음과 같은 결과가 나타난다.

```
The product with lowest price is MADISON EARBUDS
```

max() 함수는 min() 과 반대로 최고가 제품을 찾는다. 예제는 다음과 같다.

```
Product product = searchResult.stream()
        .max(Comparator.comparing(item -> item.getPrice()))
        .get();

System.out.println("The product with highest price is " +
product.getName());
```

max() 함수는 MP3 PLAYER WITH AUDIO를 최고가 제품으로 찾는다.

```
The product with highest price is MP3 PLAYER WITH AUDIO
```

min()과 max() 함수는 Optional 인스턴스를 반환하므로 객체를 얻으려면 get() 메서드를 사용한다. 스트림이 비어 있다면 get() 메서드는 null을 반환한다.

두 함수 모두 비교 함수를 인자로 받는다. Comparator.comparing() 메서드는 전달받은 람다 표현식으로 비교함수를 만든다.

Stream.count()

스트림 API는 필터링이 끝난 스트림의 엘리먼트 개수를 반환하는 count 메서드를 제공한다. MADISON 브랜드 제품의 개수를 구하는 예제는 다음과 같다.

```
long count = searchResult.stream()
        .filter(item -> item.getName().startsWith("MADISON"))
        .count();
System.out.println("The number of products from MADISON are: " + count);
```

count() 메서드는 필터링 조건에 맞는 엘리먼트 개수를 세어 long 타입으로 반환한다. 예제를 실행하면 콘솔에 다음과 같은 결과가 나타난다.

```
The number of products from MADISON are: 2
```

▌ 셀레늄 웹드라이버와 스트림 API 사용

스트림 API의 개념과 API의 다양한 사용법을 알아봤다. 이제 테스트에 어떻게 활용하는지를 살펴보자.

웹 엘리먼트 필터링과 개수 세기

예제 애플리케이션 홈페이지에서 링크가 보이는지 확인하는 테스트를 해보자. 홈페이지의 모든 링크의 개수를 출력하고, 보여주는 링크의 개수를 출력하는 예제는 다음과 같다.

```
@Test
public void linksTest() {

    List<WebElement> links = driver.findElements(By.tagName("a"));
    System.out.println("Total Links : " + links.size());

    long count = links.stream().filter(item -> item.isDisplayed()).count();
    System.out.println("Total Link visible " + count);
}
```

예제에서는 findElements() 메서드에 By.tagName을 사용해서 홈페이지의 모든 링크를 가져온다. 보이는 링크만 찾기 위해 filter() 함수에 웹 엘리먼트의 isDisplayed() 메서드를 test 조건으로 추가했다. isDisplayed 메서드는 보이는 링크에서는 true를, 보이지 않는 링크에서는 false를 반환한다. Filter() 함수에서 링크를 반환하고 count() 메서드로 개수를 센다. 예제를 실행하면 콘솔 출력은 다음과 같다.

```
Total Links : 88
Total Link visible 37
```

엘리먼트 속성 필터링

다음 예제는 alt 속성값이 비어 있는 이미지만을 골라 리스트로 만든다. 접근성 지침에 따르면 모든 이미지에는 alt 속성값이 있어야 한다. 예제는 페이지에 표시되는 이미지의 접근성을 확인할 때 유용하다. 이미지를 필터링해 getAttribute("alt") 메서드에서 빈 문자열이 나오는 경우를 모으면 된다. 예제를 보자.

```java
@Test
public void imgAltTest() {

    List<WebElement> images = driver.findElements(By.tagName("img"));

    System.out.println("Total Images : " + images.size());

    List<WebElement> imagesWithOutAlt = images.stream()
            .filter(item -> item.getAttribute("alt") == "")
            .collect(Collectors.toList());
    System.out.println("Total images without alt attribute " +
    imagesWithOutAlt);
}
```

filter() 함수는 페이지의 이미지 중 alt 속성이 비어 있는 이미지만 필터링한다.

Map 함수로 엘리먼트의 텍스트 값 추출

앞 장에서 만들었던 검색 테스트 예제를 수정해 검색 결과 리스트가 예상한 제품 리스트와 일치하는지 확인하는 테스트를 만들어보자.

```java
@Test
public void searchProduct() {

    // 검색창을 찾아 검색어 입력
    WebElement searchBox = driver.findElement(By.name("q"));
```

```
        searchBox.sendKeys("Phones");

        WebElement searchButton =
                driver.findElement(By.className("search-button"));

        searchButton.click();

        assertThat(driver.getTitle())
                .isEqualTo("Search results for: 'Phones'");

        List<WebElement> searchItems = driver
                .findElements(By.cssSelector("h2.product-name a"));

        List<String> expectedProductNames =
                Arrays.asList("MADISON EARBUDS",
                        "MADISON OVEREAR HEADPHONES",
                        "MP3 PLAYER WITH AUDIO");

        List<String> productNames = searchItems.stream()
                .map(WebElement::getText)
                .collect(Collectors.toList());

        assertThat(productNames).
                isEqualTo(expectedProductNames);
    }
```

예제에서는 findElements() 메서드로 검색 결과 리스트를 만들고, map() 함수를 사용해 각 엘리먼트의 문자열을 꺼내 검색 결과 문자열 리스트를 만든다. 검색 결과 문자열 리스트를 expectedProductNames 리스트와 비교한다.

필터링한 엘리먼트에 작업 실행

특정 이름에 맞는 제품을 찾도록 검색 테스트를 수정해보자. 찾은 제품을 클릭해 상세 페이지로 이동하는 예제는 다음과 같다.

```java
@Test
public void searchAndViewProduct() {

    // 검색창을 찾아 검색어 입력
    WebElement searchBox = driver.findElement(By.name("q"));

    searchBox.sendKeys("Phones");

    WebElement searchButton =
            driver.findElement(By.className("search-button"));

    searchButton.click();

    assertThat(driver.getTitle())
            .isEqualTo("Search results for: 'Phones'");

    List<WebElement> searchItems = driver
            .findElements(By.cssSelector("h2.product-name a"));

    WebElement product = searchItems.stream()
            .filter(item -> item.getText().equalsIgnoreCase("MADISON
            EARBUDS"))
            .findFirst()
            .get();

    product.click();

    assertThat(driver.getTitle())
            .isEqualTo("Madison Earbuds");
}
```

웹 엘리먼트 리스트에서 filter() 함수로 특정 제품을 찾는다. findFirst()로 조건에 맞는 첫 번째 제품을 가져오면 링크 유형의 웹 엘리먼트가 반환된다. 엘리먼트를 클릭해 제품 상세 페이지를 연다.

다양한 방법으로 스트림 API를 사용함으로써 몇 줄만으로 읽기 쉬운 함수형 코드를 만들 수 있다.

▌ 요약

3장에서는 자바 8 스트림 API 와 람다 함수로 셀레늄 웹드라이버 코드를 간단하게 만드는 방법을 짧게 살펴봤다. 함수형 프로그래밍 방식은 더 유연하고 읽기 쉬운 코드를 작성하는 데 도움을 준다. 스트림은 웹 엘리먼트 리스트로 작업할 때 유용하다. 스트림으로 데이터를 쉽게 모아서 필터링할 수 있다.

4장에서는 웹드라이버로 스크린샷 찍는 법, 윈도우와 프레임 다루는 법, 동기화, 쿠키 다루는 방법 같은 다양한 기능을 살펴본다.

▌ 질문

1. 자바 스트림 API는 어느 버전에 도입됐는가?
2. 스트림 API 중 `filter` 함수에 대해 설명해보자.
3. `filter` 함수로 필터링한 엘리먼트의 개수를 구하려면 어떤 스트림 API를 사용해야 할까?
4. 예, 아니요: `map()` 함수를 사용하면 웹 엘리먼트 리스트를 속성값으로 필터링할 수 있다.

▌ 더 살펴보기

다음 링크에 3장에서 다룬 내용에 대한 더 자세한 정보가 있다.

- 스트림 API에 대한 더 많은 내용을 https://www.oracle.com/ technetwork/ articles/java/ma14−java−se−8−streams−2177646.html과 https://docs. oracle.com/javase/8/docs/api/java/util/stream/Stream.html에서 볼 수 있다.

- 람다 표현식에 대한 더 많은 내용을 https://docs.oracle.com/javase/tutorial/
  java/javaOO/lambdaexpressions.html에서 볼 수 있다.

04

웹드라이버 기능 알아보기

웹드라이버를 통해 웹페이지에서 실행할 수 있는 다양한 동작을 간단한 동작부터 고급 기능까지 살펴보았다. 4장에서는 테스트하려는 웹 애플리케이션에 대한 통제 범위를 넓혀주는 웹드라이버의 다양한 기능을 살펴본다. 4장에서 다루는 내용은 다음과 같다.

- 스크린샷 캡처
- 윈도우 창과 iFrame 지정
- 브라우저 내비게이션 제어
- 로딩 중인 웹 엘리먼트 기다리기
- 쿠키 사용법

지체하지 말고 바로 시작해보자.

▎스크린샷 캡처

스크린샷 캡처는 웹드라이버의 유용한 기능 중 하나다. 스크린샷을 통해 테스트가 실패한 당시의 상황을 쉽게 알 수 있다. 웹드라이버 라이브러리의 TakesScreenShot 인터페이스는 파이어폭스 드라이버, 인터넷 익스플로러 드라이버, 크롬 드라이버 등 모든 웹드라이버 구현체에서 사용할 수 있다.

스크린샷 캡처 기능은 사용자가 기능을 켜거나 끌 수 없는 읽기 전용 설정으로 활성화 상태가 기본값이다. 스크린샷 캡처 예제를 살펴보기 전에 TakesScreenshotAs 인터페이스의 메서드 중 하나인 getScreenshotAs()를 알아보자.

getScreenshotAs() 메서드의 API 문법은 다음과 같다.

```
public X getScreenshotAs(OutputType target)
```

OutputType은 웹드라이버 라이브러리의 인터페이스 중 하나다. 웹드라이버는 3가지 포맷으로 스크린샷을 캡처한다. 파일 포맷에는 BASE64, BYTES(로우 데이터), FILE이 있는데, FILE 포맷을 선택하면 캡처 이미지가 .png 파일로 작성됐다가 JVM이 종료될 때 삭제된다. 테스트 이후에 스크린샷 이미지를 사용하려면 파일을 안전한 장소에 복사해야한다.

반환 타입은 선택한 OutputType에 따라 다르다. 예를 들면, OutputType.BYTES를 선택했을 때 반환값은 바이트 배열이 된다. OutputType.FILE은 파일 객체를 반환한다.

스크린샷의 결과는 사용하는 브라우저에 따라 다르며 다음 중 하나가 된다. 많이 사용하는 순서대로 나열하면 다음과 같다.

- 전체 페이지
- 현재 보이는 윈도우
- 프레임에서 보이는 부분

- 브라우저를 포함한 전체 모니터 화면

예를 들어, 파이어폭스 드라이버에서 getScreenshotAs()는 페이지 전체를 캡처하지만, 크롬 드라이버에서는 현재 프레임에서 보이는 영역만 캡처한다.

아래 코드를 살펴보자.

```java
@BeforeMethod
public void setup() throws IOException {
    System.setProperty("webdriver.chrome.driver",
            "./src/test/resources/drivers/chromedriver");
    driver = new ChromeDriver();
    driver.get("http://demo-store.seleniumacademy.com/");

    File scrFile  = ((TakesScreenshot)
    driver).getScreenshotAs(OutputType.FILE);
    FileUtils.copyFile(scrFile, new File("./target/screenshot.png"));
}
```

예제에서는 getScreenshotAs() 메서드로 웹페이지 스크린샷을 캡처하여 이미지를 파일로 저장한다. target 폴더에서 저장한 이미지를 확인할 수 있다.

▌윈도우 창과 iFrame 지정

웹드라이버는 애플리케이션에서 열리는 여러 개의 자식 윈도우 창, 브라우저 탭, 프레임 사이를 손쉽게 이동할 수 있다. 예를 들면, 은행 웹 애플리케이션에서 링크를 클릭해 새로운 창을 열었다가 다시 이전 창으로 돌아가 작업을 끝마쳐야 하는 경우가 있다. 비슷한 예를 하나 더 들어보자. 프레임을 두 개로 나누어 왼쪽 프레임에는 아이템 목록이 있고 오른쪽 화면에는 아이템 내용을 보여주는 웹 페이지가 있다. 웹드라이버를 사용하면 이런 복잡한 상황에서도 검증 가능한 테스트 케이스를 쉽게 만들 수 있다.

WebDriver.TargetLocator 인터페이스는 예시의 프레임이나 윈도우 창을 지정할 때 사용한다. 이번 절에서는 웹드라이버를 사용해 브라우저 윈도우나 하나의 윈도우 창에 있는 두 개의 프레임 사이를 이동하는 방법을 배운다.

윈도우 창 전환

먼저 여러 개의 윈도우 창을 다루는 예제를 살펴보자. 4장의 예제로 Window.html이라는 HTML 파일이 있다. 내용은 구글 검색 페이지로 이동하는 링크가 포함된 간단한 웹페이지다. 링크를 클릭하면 새로운 창에 구글 검색 페이지가 열린다. 웹드라이버로 웹 페이지를 열 때마다 웹드라이버는 윈도우 핸들을 부여한다. 웹드라이버는 핸들을 식별자로 사용해 윈도우 창을 구별한다. 예제를 실행하면 창 두 개가 열리면서 각기 다른 윈도우 핸들이 생성된다. 화면에는 처음 열렸던 웹 페이지 위로 구글 검색 페이지가 올라오며 포커스를 넘겨받는다. 다시 처음 페이지로 포커스를 이동하려면 switchTo() 메서드를 사용하면 된다.

TargetLocator의 API 문법은 다음과 같다.

```
WebDriver.TargetLocator switchTo()
```

메서드의 반환 값은 WebDriver.TargetLocator 인스턴스다. 반환받은 인스턴스로 웹드라이버가 이동해야 하는 윈도우 창이나 프레임을 알 수 있다. 아래 코드로 웹드라이버의 사용법을 알아본다.

```
public class WindowHandlingTest {

    WebDriver driver;

    @BeforeMethod
    public void setup() throws IOException {
```

```
        System.setProperty("webdriver.chrome.driver",
                "./src/test/resources/drivers/chromedriver");
        driver = new ChromeDriver();
        driver.get("http://guidebook.seleniumacademy.com/Window.html");
    }

    @Test
    public void handleWindow() {

        String firstWindow = driver.getWindowHandle();
        System.out.println("First Window Handle is: " + firstWindow);

        WebElement link = driver.findElement(By.linkText("Google Search"));
        link.click();

        String secondWindow = driver.getWindowHandle();
        System.out.println("Second Window Handle is: " + secondWindow);
        System.out.println("Number of Window Handles so for: "
                + driver.getWindowHandles().size());

        driver.switchTo().window(firstWindow);
    }

    @AfterMethod
    public void tearDown() {
        driver.quit();
    }
}
```

먼저, 예제에서 아래 코드 부분을 살펴보자.

```
String firstWindow = driver.getWindowHandle();
```

드라이버의 현재 윈도우 창이 할당받은 식별자를 반환한다. 다른 윈도우 창으로 이동하기 전에 처음 윈도우 창으로 되돌아오는 경우를 대비해서 현재 윈도우 창의 식별자를 저

장하는 것이 좋다. 현재 드라이버에 등록된 모든 윈도우 식별자를 가져오려면 다음 메서
드를 사용한다.

```
driver.getWindowHandles()
```

드라이버 세션에서 열었던 모든 브라우저 윈도우의 식별자를 Set 타입으로 반환한다.
예제를 실행해 링크를 클릭하면 새로운 창에 구글 검색 페이지가 열리며 포커스를 가져
온다. 처음 윈도우 창으로 돌아가려면 다음 코드를 사용한다.

```
driver.switchTo().window(firstWindow);
```

포커스는 처음 창으로 이동한다.

프레임 간 전환

이번 절에서는 웹 페이지의 프레임을 전환하는 방법을 알아본다. 예제는 샘플 코드로 제
공하는 HTML 파일 중 Frames.html 파일을 사용한다. HTML 파일을 열어보면 두 개의
프레임이 각기 다른 웹 페이지를 로딩하고 있다. 두 프레임을 이동하면서 텍스트 상자에
글자를 입력해보자.

```java
public class FrameHandlingTest {
    WebDriver driver;

    @BeforeMethod
    public void setup() throws IOException {
        System.setProperty("webdriver.chrome.driver",
                "./src/test/resources/drivers/chromedriver");
        driver = new ChromeDriver();
        driver.get("http://guidebook.seleniumacademy.com/Frames.html");
    }
```

```
@Test
public void switchBetweenFrames() {

    // 첫 번째 프레임
    driver.switchTo().frame(0);
    WebElement firstField = driver.findElement(By.name("1"));
    firstField.sendKeys("I'm Frame One");
    driver.switchTo().defaultContent();

    // 두 번째 프레임
    driver.switchTo().frame(1);
    WebElement secondField = driver.findElement(By.name("2"));
    secondField.sendKeys("I'm Frame Two");
}

@AfterMethod
public void tearDown() {
    driver.quit();
}
}
```

예제에서는 switchTo().window 대신 switchTo().frame을 사용해 프레임을 이동한다.

API 문법은 다음과 같다.

```
WebDriver frame(int index)
```

frame() 메서드는 이동할 프레임의 인덱스를 사용해 원하는 프레임으로 이동한다. 웹 페이지가 3개의 프레임으로 구성돼 있으면 0, 1, 2가 인덱스 번호로 할당된다. 인덱스 0은 DOM에서 만나는 첫 번째 프레임이다. 또 다른 방법으로 프레임 이름을 인자로 받는 오버로드 메서드를 사용하면 프레임 이름으로 이동할 수 있다. API 문법은 다음과 같다.

```
WebDriver frame(WebElement frameElement)
```

이동하고자 하는 프레임의 인덱스를 몰라도 프레임 이름이나 ID를 사용해서 원하는 프레임으로 이동할 수 있다. 마지막으로 살펴볼 오버로드 메서드는 다음과 같다.

```
WebDriver frame(WebElement frameElement)
```

위 메서드에서 입력 파라미터는 프레임 WebElement다. 예제를 주의 깊게 살펴보자. 예제에서는 첫 번째 프레임으로 이동해 텍스트 상자에 글을 입력한 뒤 곧바로 두 번째 프레임으로 이동하지 않고 메인 콘텐츠를 거쳐서 이동한다. 메인 콘텐츠로 이동하는 코드는 다음과 같다.

```
driver.switchTo().defaultContent();
```

매우 중요한 부분으로 예제에서 위 코드를 빼고 첫 번째 프레임에서 다음 프레임으로 이동하면 웹드라이버는 프레임 인덱스 1을 찾지 못한다. 웹드라이버가 첫 번째 프레임 컨텍스트에서 두 번째 프레임을 찾기 때문인데, 이런 방식의 접근은 허용하지 않는다. 프레임을 이동하려면 먼저 최상위 컨테이너로 이동한 후 원하는 프레임을 찾아 이동해야 한다.

디폴트 콘텐츠로 이동한 다음엔 두 번째 프레임으로 이동할 수 있다.

```
driver.switchTo().frame(1);
```

이제 프레임을 이동하며 액션 수행이 가능하다.

알림 창 다루기

웹 애플리케이션에선 다양한 종류의 모달 다이얼로그를 다뤄야 한다. 웹드라이버는 알림 창 다이얼로그를 다루는 API를 제공한다.

```
Alert alert()
```

메서드를 실행하면 웹 페이지에서 현재 활성화된 모달 다이얼로그로 이동한다. 반환하는 Alert 인스턴스를 통해 다이얼로그에서 여러 가지 액션을 수행할 수 있는데, 열려 있는 다이얼로그가 없는 상황에서 alert()를 호출하면 NoAlertPresentException이 발생한다.

Alert 인터페이스는 아래와 같이 몇 가지 API를 제공한다. 하나씩 살펴보자.

- void accept()는 OK 액션과 동일하다. accept() 메서드는 다이얼로그에서 OK 버튼을 누르는 효과를 낸다.
- void dismiss()는 CANCEL 버튼을 클릭하는 효과를 낸다.
- java.lang.String getText()는 다이얼로그에 표시된 텍스트를 반환한다. 모달 다이얼로그 문구를 확인할 때 해당 메서드를 사용할 수 있다.
- void sendKeys(java.lang.String keysToSend)를 사용하면 입력란이 있는 알림 창에 문자열을 입력할 수 있다.

▌ 브라우저 내비게이션 제어

웹드라이버는 네이티브단에서 브라우저에 명령을 내린다. 또한 더 강력한 제어권을 제공해서 웹페이지뿐 아니라 브라우저 자체를 컨트롤할 수도 있다. Navigate는 웹드라이버 기능 중 하나인데, 테스트 스크립트를 통해 브라우저의 뒤로 가기나 앞으로 가기, 새로고침 기능을 실행할 수 있다. 실제로 웹페이지를 방문하면 주로 뒤로 가기나 앞으로 가기를 사용해 페이지를 이동한다. 테스트 스크립트는 페이지 이동 버튼(특히, 뒤로 가기)을 클릭하면서 애플리케이션의 동작을 관찰할 수도 있다. 예를 들면 뱅킹 애플리케이션은 뒤로 가기 버튼을 사용할 때 세션을 종료하고 강제로 로그아웃하는데, 내비게이션 기능으로 이런 사용자 동작을 재연해 애플리케이션 동작을 검증할 수 있다.

navigate()는 지금과 같이 웹 페이지를 이동할 때 사용할 수 있는 메서드다. API 문법은
다음과 같다.

```
WebDriver.Navigation navigate()
```

메서드에 전달하는 인자는 없지만 모든 브라우저 내비게이션 옵션을 포함하고 있는
WebDriver.Navigation 인터페이스를 반환한다. 반환하는 인터페이스의 브라우저 사용
내역에 따라 페이지를 이동할 수 있다.

예제 코드를 하나씩 살펴보자.

```java
@Test
public void searchProduct() {
    driver.navigate().to("http://demo-store.seleniumacademy.com/");

    // 검색창을 찾아 문자열을 입력한다
    WebElement searchBox = driver.findElement(By.name("q"));

    searchBox.sendKeys("Phones");

    WebElement searchButton =
            driver.findElement(By.className("search-button"));

    searchButton.click();

    assertThat(driver.getTitle())
            .isEqualTo("Search results for: 'Phones'");

    driver.navigate().back();
    driver.navigate().forward();
    driver.navigate().refresh();
}
```

예제를 실행하면 데모 애플리케이션 페이지를 열어 검색어 Phones를 입력해 검색을 수행한다. 검색 결과가 나타나면, 브라우저에는 내비게이션 기록이 남는다. 이제 웹드라이버는 브라우저 기록을 사용해 뒤로 가기, 앞으로 가기, 새로 고침이 가능하다.

예제에서 사용한 내비게이션 메서드를 조금 더 살펴보자. 처음 데모 애플리케이션 페이지를 로드하는 코드는 Navigation 클래스의 to() 메서드를 사용한다.

```
driver.navigate().to("http://demo-store.seleniumacademy.com/");
```

driver.navigate() 메서드가 반환하는 WebDriver.Navigation 인터페이스의 to() 메서드로 웹페이지 URL로 이동한다.

API 문법은 다음과 같다.

```
void to(java.lang.String url)
```

to() 메서드는 인자로 브라우저가 이동할 url 문자열을 받는다. 메서드를 호출하면 HTTP GET으로 페이지를 로딩하는데, 페이지 로딩이 완전히 끝날 때까지 다른 동작은 하지 않는다. to() 메서드는 driver.get(String url) 메서드와 기능이 같다.

WebDriver.Navigation 인터페이스는 좀 더 편리하게 URL을 전달하도록 오버라이드한 to() 메서드도 제공한다. API 문법은 다음과 같다.

```
void to(java.net.URL url)
```

예제에서는 검색어 Phones로 검색한 후 Navigation 인터페이스의 back() 메서드로 브라우저의 뒤로 가기 버튼을 에뮬레이션한다. 다음 코드가 뒤로 가기 동작을 재연하는 부분이다.

```
driver.navigate().back();
```

브라우저는 데모 홈페이지로 돌아간다. back() 메서드의 API 문법은 매우 직관적이다.

```
void back()
```

back() 메서드는 전달받는 인자도 없고 반환 값도 없다. 단순히 브라우저의 사용 기록에 따라 이전 페이지로 이동한다.

다음에 나오는 메서드는 forward()인데, back() 메서드와 많은 부분에서 비슷하다. back() 메서드와 이동 방향이 반대라는 점만 다르다. 예제에선 다음과 같이 사용한다.

```
driver.navigate().forward();
```

메서드의 API 문법은 다음과 같다.

```
void forward()
```

forward() 메서드는 전달받는 인자도 없고 반환 값도 없다. 단순히 브라우저의 사용 기록에 따라 다음 페이지로 이동한다.

예제의 마지막 줄은 refresh() 메서드를 사용한다.

```
driver.navigate().refresh();
```

refresh() 메서드는 현재 URL을 다시 불러와 브라우저를 새로 고침(F5 키)하는 효과를 낸다. API 문법은 다음과 같다.

```
void refresh()
```

지금까지 살펴본 back()이나 forward() 메서드의 문법과 사용법이 비슷하다. refresh() 메서드는 현재 URL을 다시 읽어들인다. 지금까지 브라우저 액션을 제어할 수 있는 다양한 웹드라이버 메서드를 살펴봤다.

▌ 로딩 중인 웹 엘리먼트 기다리기

웹 UI 자동화 개발 경험이 있다면, 웹 페이지 로딩 중에 테스트 스크립트가 웹 페이지의 엘리먼트를 찾지 못했던 기억이 있을 것이다. 이런 현상은 다양한 이유로 발생한다. 예전엔 애플리케이션 서버나 웹서버 리소스의 한계로 연산 처리가 늦어 발생했고, 네트워크 상태가 좋지 못한 경우에도 발생했다. 즉 웹 페이지에선 아직 엘리먼트를 로딩하지 않았는데, 엘리먼트를 찾으려 했기 때문에 이런 일이 일어난 것이다. 이럴 땐 웹 엘리먼트 로딩에 걸리는 시간을 계산해 스크립트 진행을 잠시 멈췄다가 진행하는 접근법이 필요하다.

웹드라이버는 테스트 스크립트에서 대기 시간을 조절하는 매우 편리한 방법을 제공한다. 대기 시간은 NoSuchElementException이 발생하는 상황을 미리 막고자 웹 엘리먼트의 로딩이 끝날 때까지 기다리는 시간이다. 1장 '웹드라이버와 웹 엘리먼트 소개'에서 findElement(By by) 메서드를 배울 때 대상 엘리먼트를 찾지 못할 때 NoSuchElement Exception이 발생함을 알았다.

웹드라이버가 웹 엘리먼트 로딩을 기다리는 방법에는 묵시적 대기 시간Implicit wait time과 명시적 대기 시간Explicit wait time 두 가지 방법이 있다. 묵시적인 타임아웃 시간은 전체 웹 엘리먼트에 모두 동일한 타임아웃 시간을 설정하는 데 반해, 명시적 타임아웃은 각 웹 엘리먼트에 개별적으로 설정할 수 있다. 지금부터 두 가지 방식의 대기 시간 사용법을 알아보자.

묵시적 대기 시간

테스트 전반에 걸쳐 웹드라이버의 대기 시간을 동일하게 하려면 묵시적 대기 시간을 사용한다. 로컬 서버와 원격 서버에서 서비스하는 웹 애플리케이션을 예로 들어보자. 로컬 서버에서 호스팅하는 웹페이지의 로딩 속도는 상대적으로 네트워크 지연이 큰 원격 서버보다 빠르다. 이런 환경에서 테스트 스크립트를 실행할 때는 대기 시간을 너무 길게 설정해서 하염없이 기다리거나, 반대로 너무 짧게 해서 타임아웃이 발생하지 않도록 적절한 조정이 필요하다. 웹드라이버는 manage() 메서드로 모든 동작에 대해 묵시적 대기 시간을 설정할 수 있는 옵션을 제공한다.

예제 코드는 다음과 같다.

```
driver = new ChromeDriver();
driver.navigate().to("http://demo-store.seleniumacademy.com/");
driver.manage().timeouts().implicitlyWait(10, TimeUnit.SECONDS);
```

예제에서 하이라이트한 부분을 살펴보자.

```
driver.manage().timeouts().implicitlyWait(10, TimeUnit.SECONDS);
```

driver.manage().timeouts()은 WebDriver.Timeouts 인터페이스를 반환한다. WebDriver.Timeouts 인터페이스는 implicitlyWait 메서드를 정의하는데, 드라이버가 웹페이지에서 웹 엘리먼트를 곧바로 찾지 못할 때 기다리는 시간을 정할 수 있다. 웹드라이버는 설정한 대기 시간이 끝날 때까지 주기적으로 웹 엘리먼트를 찾는다. 예제에서 드라이버가 웹 엘리먼트를 기다릴 수 있는 시간은 최대 10초다. 시간 안에 엘리먼트 로딩이 끝나면 웹드라이버는 나머지 스크립트를 실행하고, 10초가 지나도 엘리먼트가 로드되지 않으면 NoSuchElementException이 발생한다.

한 번 설정한 대기 시간을 나머지 웹 엘리먼트에 동일하게 적용하려면 implicitWait() 메서드를 사용하면 된다. 성능에 영향을 미치는 요소는 네트워크 대역폭, 서버 설정 등 다양하다. 이러한 조건에 기반해 웹드라이버 테스트는 대기 시간을 너무 많이 부여하지 않으면서 동시에 타임아웃이 자주 발생하지 않도록 상황에 따라 시간을 적절하게 할당해야 한다.

명시적 대기 시간

묵시적 대기 시간은 웹 페이지의 모든 웹 엘리먼트에 동일하게 적용된다. 따라서 테스트 전반에 걸쳐 일률적으로 대기 시간을 적용함으로써 특정 웹 엘리먼트만 대기 시간을 길게 할 수 없는 단점이 있는데, 그렇다고 로딩이 오래 걸리는 엘리먼트에 맞춰 대기 시간을 설정하면 전체 테스트의 수행 시간이 늘어나는 상황이 발생한다. 이럴 땐 명시적 대기 시간으로 원하는 웹 엘리먼트에만 대기 시간을 따로 설정할 수 있다.

아래 코드를 통해 특정 웹 엘리먼트에 대기 시간을 부여하는 방법을 알아보자.

```
WebElement searchBox = (new WebDriverWait(driver, 20))
        .until((ExpectedCondition<WebElement>) d ->
d.findElement(By.name("q")));
```

하이라이트한 부분에서 특정 웹 엘리먼트에 조건부 대기 시간을 설정한 모습을 볼 수 있다. ExpectedCondition 인터페이스는 조건에 따라 대기 시간을 설정할 수 있다. 예제에서 웹드라이버는 최대 20초 동안 웹 엘리먼트 로딩을 기다리는데, 묵시적 대기 시간으로는 특정 웹 엘리먼트에만 이렇게 시간을 부여할 수 없다. 웹 엘리먼트가 20초 내에 로딩되지 않으면 드라이버에서 NoSuchElementException이 발생한다. 묵시적 대기 시간을 적용하고 특정 웹 엘리먼트에서 로딩이 오래 걸리면 해당 웹 엘리먼트에만 명시적 대기 시간을 적용할 수 있다.

█ 쿠키 핸들링

데모 애플리케이션 자동화에 대해 이야기해보자. 상품 검색, 쇼핑 카트에 상품 넣기, 결제, 환불 등의 다양한 사용자 시나리오를 생각할 수 있다. 지금 설명한 내용을 자동화하려면, 모두 로그인이라는 첫 번째 관문을 거쳐야 한다. 하지만 각 시나리오마다 매번 로그인을 따로 한다면 테스트 실행 시간은 그만큼 늘어난다. 전체 수행 시간을 줄이려면 로그인 과정을 생략하면 되는데, 최초 로그인할 때 쿠키cookie 정보를 파일에 보관한 후 다음번 로그인에는 쿠키를 가져와 드라이버에 추가하는 식으로 반복되는 로그인 과정을 생략할 수 있다.

웹드라이버는 아래 메서드로 현재 로드한 웹 페이지의 모든 쿠키 정보를 가져온다.

```
driver.manage().getCookies()
```

위 메서드는 현재 세션에서 웹 페이지의 쿠키 정보를 모두 가져온다. 쿠키는 이름, 값, 도메인, 경로, 만료일, 암호화 관련 정보를 갖고 있다. 서버는 쿠키의 모든 값을 이용해 클라이언트 쿠키 값을 검증한다. 지금부터 쿠키 정보를 파일로 저장한 후, 테스트 케이스 실행 시 파일을 읽어 필요한 정보를 드라이버에 전달하는 예제를 알아보자. 드라이버 세션에 쿠키 정보가 존재하면 로그인 과정을 생략할 수 있는데, 애플리케이션 서버는 브라우저의 세션을 인증받은 것으로 인식하고 테스트 케이스에서 요청한 URL의 접근을 인증 절차 없이 허용한다.

```java
public class StoreCookieInfo {
    WebDriver driver;

    @BeforeMethod
    public void setup() throws IOException {
        System.setProperty("webdriver.chrome.driver",
                "./src/test/resources/drivers/chromedriver");

        driver = new ChromeDriver();
```

```java
        driver.get("http://demo-store.seleniumacademy.com/customer/account/
        login/");
    }

    @Test
    public void storeCookies() {
        driver.findElement(By.id("email")).sendKeys("user@seleniumacademy.
        com");
        driver.findElement(By.id("pass")).sendKeys("tester");
        driver.findElement(By.id("send2")).submit();

        File dataFile = new File("./target/browser.data");
        try {
            dataFile.delete();
            dataFile.createNewFile();
            FileWriter fos = new FileWriter(dataFile);
            BufferedWriter bos = new BufferedWriter(fos);
            for (Cookie ck : driver.manage().getCookies()) {
                bos.write((ck.getName() + ";" + ck.getValue() + ";" + ck.
                        getDomain()
                        + ";" + ck.getPath() + ";" + ck.getExpiry() + ";"
                        + ck.
                        isSecure()));
                bos.newLine();
            }
            bos.flush();
            bos.close();
            fos.close();
        } catch (Exception ex) {
            ex.printStackTrace();
        }
    }

    @AfterMethod
    public void tearDown() {
        driver.quit();
    }
}
```

지금부터는 browser.data 파일에서 쿠키 정보를 로드해 드라이버에 추가하는 내용을 살펴본다.

```
driver.manage().addCookie(ck);
```

쿠키 정보를 브라우저 세션에 추가한 후 대시보드 페이지에 접속하면, 로그인 페이지가 나타나지 않고 곧바로 홈페이지 화면으로 이동한다. 모든 테스트 케이스는 이렇게 로그인 과정을 생략할 수 있다. 쿠키 정보를 사용하는 코드는 다음과 같다.

```java
public class LoadCookieInfo {
    WebDriver driver;

    @BeforeMethod
    public void setup() throws IOException {
        System.setProperty("webdriver.chrome.driver",
                "./src/test/resources/drivers/chromedriver");
        driver = new ChromeDriver();
        driver.get("http://demo-store.seleniumacademy.com");
    }

    @Test
    public void loadCookies() {
        try {
            File dataFile = new File("./target/browser.data");
            FileReader fr = new FileReader(dataFile);
            BufferedReader br = new BufferedReader(fr);
            String line;
            while ((line = br.readLine()) != null) {
                StringTokenizer str = new StringTokenizer(line, ";");
                while (str.hasMoreTokens()) {
                    String name = str.nextToken();
                    String value = str.nextToken();
                    String domain = str.nextToken();
                    String path = str.nextToken();
```

```
                    Date expiry = null;
                    String dt;
                    if (!(dt = str.nextToken()).equals("null")) {
                        SimpleDateFormat formatter =
                                new SimpleDateFormat("E MMM d HH:mm:ss z
                                yyyy");
                        expiry = formatter.parse(dt);
                    }

                    boolean isSecure = new Boolean(str.nextToken()).
                            booleanValue();
                    Cookie ck = new Cookie(name, value, domain, path,
                    expiry, isSecure);
                    driver.manage().addCookie(ck);
                }
            }

    driver.get("http://demo-store.seleniumacademy.com/customer/account/index/");
            assertThat(driver.findElement(By.cssSelector("div.pagetitle")).
            getText())
                    .isEqualTo("MY DASHBOARD");

        } catch (Exception ex) {
            ex.printStackTrace();
        }
    }

    @AfterMethod
    public void tearDown() {
        driver.quit();
    }
}
```

이제 홈페이지에 로그인 없이 직접 접근할 수 있다. 예제에서는 드라이버 인스턴스를 생
성한 후 아래 코드가 호출된다.

```
driver.get("http://demo-store.seleniumacademy.com");
```

드라이버에 쿠키를 추가하고 나서 곧장 테스트 페이지로 이동하는 것이 바람직하지만, 웹드라이버에서는 드라이버의 현재 도메인과 다른 도메인에 설정하는 쿠키는 정상적인 쿠키로 판단하지 않으므로 현재 세션에 쿠키를 곧바로 설정할 수 없다. 현재 세션의 도메인을 맞추기 위해 가장 위에서 위 코드를 실행해야 한다. 위의 코드를 삭제하고 코드를 실행하면 에러가 발생한다. 결국 초기화 과정의 일부로 홈페이지에 가서 드라이버의 도메인 값을 설정하고 저장한 쿠키를 가져와야 한다. 예제를 실행하면 처음엔 애플리케이션 홈페이지가 나타난다.

이제는 테스트 케이스를 수행할 때 아이디와 패스워드를 매번 입력해 서버 측에서 유효성을 검증하는 과정이 필요 없다. 웹드라이버의 쿠키 핸들링 기능을 사용하면 시간을 많이 절약할 수 있다.

▌ 요약

4장에서는 스크린샷 캡처 기능과 윈도우와 프레임을 다루는 웹드라이버의 다양한 기능을 살펴보았다. 동기화를 위한 묵시적 대기 시간과 명시적 대기 시간, 내비게이션과 쿠키 API도 알아봤다. 다양한 기능을 사용해 테스트 프레임워크와 테스트 케이스를 더 창의적으로 설계하면서 애플리케이션을 효과적으로 테스트할 수 있다. 5장에서는 키보드와 마우스 이벤트로 사용자 인터랙션을 수행하는 액션 API를 살펴본다.

▌ 질문

1. 스크린샷 출력에 사용할 수 있는 포맷에는 어떤 것들이 있는가?

2. 셀레늄에서 다른 브라우저 탭으로 전환하는 방법은?

3. 예, 아니요: defaultContent() 메서드는 이전에 선택했던 프레임으로 전환한다.

4. 셀레늄에서 사용 가능한 내비게이션 메서드는 어떤 것이 있는가?

5. 셀레늄에서 쿠키를 추가하는 방법은?

6. 묵시적 대기와 명시적 대기의 차이를 설명하시오.

▌ 더 살펴보기

다음 링크에 4장에서 다룬 내용에 대한 더 자세한 정보가 있다.

- 명시적 대기에 사용하는 미리 정의된 예상 조건 세트를 볼 수 있다. https://seleniumhq.github.io/selenium/docs/api/java/org/openqa/selenium/support/ui/ExpectedConditions.html
- 언메시 건데차의 저서 Selenium Testing Tools Cookbook 2nd, Edition의 4장 (1판인 Selenium 웹드라이버 테스트 자동화의 2장과 3장), 셀레늄 AP 사용과 5장, 테스트 동기화와 함께 읽어보자.

고급 사용자 인터랙션

4장에서는 스크린샷, 윈도우 화면, 프레임, 경고 창, 쿠키, 테스트 동기화 작업 방법을 포함한 웹드라이버의 기능을 살펴봤다. 5장에서는 셀레늄의 액션 API를 사용해서 다음과 같은 액션을 실행하는 방법을 배운다.

- 마우스 이동, 더블 클릭, 드래그 앤 드롭과 같은 복잡한 마우스 액션
- 키보드 단축키

▌ 액션을 만들어 실행하기

지금까지는 버튼을 클릭하거나 텍스트 상자에 문자를 입력하는 등 기본적인 동작만 살펴봤다. 하지만 실제로 대부분의 사용자 시나리오는 액션을 여러 개 연결해서 순차적으로

실행하는 복합적인 과정으로 이뤄진다. 실제 사용자 액션의 예를 들어보면, Shift 키를 누른 상태에서 키를 입력해 대문자로 표시한다거나 마우스를 클릭한 상태로 드래그 앤 드롭해 마우스를 옮기는 등의 동작이 있다.

간단한 사용자 시나리오로 이뤄진 예제를 먼저 살펴보자. http://guidebook.selenium academy.com/Selectable.html 를 열어보자. 그림과 같이 1번부터 12번까지 숫자가 적힌 사각형 타일이 나타난다.

브라우저 개발자 도구로 엘리먼트를 조사해보면 정렬된 리스트 태그가 나타난다.

```
<ol id="selectable" class="ui-selectable">
    <li class="ui-state-default ui-selectee" name="one">1</li>
    <li class="ui-state-default ui-selectee" name="two">2</li>
    <li class="ui-state-default ui-selectee" name="three">3</li>
    <li class="ui-state-default ui-selectee" name="four">4</li>
    <li class="ui-state-default ui-selectee" name="five">5</li>
    <li class="ui-state-default ui-selectee" name="six">6</li>
    <li class="ui-state-default ui-selectee" name="seven">7</li>
    <li class="ui-state-default ui-selectee" name="eight">8</li>
    <li class="ui-state-default ui-selectee" name="nine">9</li>
    <li class="ui-state-default ui-selectee" name="ten">10</li>
    <li class="ui-state-default ui-selectee" name="eleven">11</li>
    <li class="ui-state-default ui-selectee" name="twelve">12</li>
</ol>
```

숫자 타일을 클릭하면 배경색이 주황색으로 바뀐다. 계속해서 1번, 3번, 5번 타일을 클릭해보자. 이번엔 Ctrl 키를 누른 상태로 1번, 3번, 5번 타일을 연달아 클릭해보자. 지금 동작이 여러 가지 액션을 동시에 수행한 경우인데, Ctrl 키를 누르는 액션과 1번, 3번, 5번 타일을 클릭하는 액션이 동시에 일어나고 있다. 이런 액션을 웹드라이버에선 어떻게 수행할 수 있는지 예제를 통해 알아보자.

```java
@Test
public void shouldPerformCompositeAction() {

    driver.get("http://guidebook.seleniumacademy.com/Selectable.html");

    WebElement one = driver.findElement(By.name("one"));
    WebElement three = driver.findElement(By.name("three"));
    WebElement five = driver.findElement(By.name("five"));

    // 액션 빌더에 모든 액션을 추가
    Actions actions = new Actions(driver);
    actions.keyDown(Keys.CONTROL)
            .click(one)
            .click(three)
            .click(five)
            .keyUp(Keys.CONTROL);

    // 복합 액션 생성
    Action compositeAction = actions.build();

    // 복합 액션 실행
    compositeAction.perform();
}
```

예제 코드에서 처음 등장하는 Actions 클래스를 간단하게 알아보자. Actions 클래스는 복잡한 사용자 액션을 에뮬레이트할 때 사용한다. Actions 클래스를 사용하면 사용자 동작을 하나의 복합 액션으로 만들 수 있다. 1, 3, 5번 타일을 클릭하는 기능을 하나로 모으는 액션을 정의하고, 필요한 액션을 하나로 모으면 복합 액션으로 빌드한다. Action 인터페이스는 복합 액션을 실행하는 perform() 메서드만 있다. 테스트를 실행하면 1번, 3번, 5번이 하나씩 선택된다. 테스트 수행 후 5번 타일을 클릭하면 다음 그림과 같은 모양이 된다.

여러 액션을 하나로 묶어 실행하는 과정은 3단계로 나누어 설명할 수 있다. Actions 클래스의 사용자 수행 API 액션을 모으는 단계, 복합 액션을 만드는 단계, 복합 액션을 수행하는 단계로 이뤄지는데, 이 과정은 perform() 메서드 내부에서 build()를 호출하는 방식으로 간소화할 수 있다. 다시 예제 코드를 아래와 같이 수정한다.

```
@Test
public void shouldPerformAction() {

    driver.get("http://guidebook.seleniumacademy.com/Selectable.html");

    WebElement one = driver.findElement(By.name("one"));
    WebElement three = driver.findElement(By.name("three"));
    WebElement five = driver.findElement(By.name("five"));

    // 액션 빌더에 모든 액션을 추가
    Actions actions = new Actions(driver);
    actions.keyDown(Keys.CONTROL)
            .click(one)
            .click(three)
```

```
        .click(five)
        .keyUp(Keys.CONTROL);

    // 액션 실행
    actions.perform();
}
```

예제에선 Actions 인스턴스에서 바로 perform() 메서드를 호출한다. perform()은 내부
적으로 build() 메서드를 호출해 복합 액션을 생성한 후 액션을 실행한다. Actions 클래
스는 뒷장의 예제를 통해 자세히 살펴볼 수 있다. 사용자 액션은 크게 마우스 액션과 키
보드 액션으로 나눌 수 있다. 지금부터 마우스와 키보드에 특화된 Actions 클래스의 사
용자 액션을 하나씩 알아보자.

▌ 마우스 인터랙션

Actions 클래스를 사용해 수행할 수 있는 마우스 액션은 8가지다. 각 액션의 사용법을
살펴보면서 예제를 시작해보자.

moveByOffset 액션

moveByOffset() 메서드는 웹 페이지에서 원하는 지점으로 마우스 커서를 이동한다. 마
우스 커서는 x, y 거리만큼 이동할 수 있는데, 페이지를 로드했을 때 포커스 값이 없으면
(0, 0)이 기본값이 된다.

moveByOffset() 메서드의 API 문법은 다음과 같다.

```
public Actions moveByOffset(int xOffSet, int yOffSet)
```

예제를 보면 xOffset은 웹드라이버에 전달하는 첫 번째 인자로 x축을 따라 이동하는 거리를 나타내며 양수는 커서를 오른쪽으로, 음수는 왼쪽으로 움직인다.

두 번째 인자인 yOffset은 y축을 따라 이동하는 거리를 나타내며, 양수는 커서를 아래쪽으로, 음수는 위쪽으로 움직인다.

xOffset과 yOffset 값이 문서의 범위를 벗어나면 MoveTargetOutOfBoundException이 발생한다.

예제를 살펴보자. 이번 예제의 목표는 마우스 커서를 3번 숫자 타일로 옮기는 것이다.

```
@Test
public void shouldMoveByOffSet() {

    driver.get("http://guidebook.seleniumacademy.com/Selectable.html");

    WebElement three = driver.findElement(By.name("three"));
    System.out.println("X coordinate: " + three.getLocation().getX()
            + ", Y coordinate: " + three.getLocation().getY());
    Actions actions = new Actions(driver);
    actions.moveByOffset(three.getLocation().getX() + 1, three.
            getLocation().getY() + 1);
    actions.perform();
}
```

실행 결과는 다음과 같다.

브라우저 개발자 도구로 엘리먼트를 조사해보면 알 수 있겠지만, 좌표값에 1을 더한 이유는 테두리 선이 **1px**을 차지하고 있기 때문이다. Border는 CSS 스타일 속성으로, 엘리먼트에 Border를 적용하면 지정한 색상의 테두리가 설정한 값에 따라 일정한 굵기로 엘리먼트를 감싼다. 예제 코드에선 마우스 포인트를 3번 타일로 이동해도 마지막에 아무런 액션을 수행하지 않아서 눈으로는 어떤 일이 일어났는지 알아채지 못한다. 다음 예제에서 moveByOffset() 메서드와 click() 메서드를 결합해 사용하고 실행 결과를 확인해보자.

click 액션

click() 메서드는 현재 위치에서 마우스의 왼쪽 버튼을 클릭하는 상황을 시뮬레이트한다. click() 메서드는 대상 엘리먼트의 종류나 위치에 상관없이 현재 지점을 클릭하기만 하므로 단독으로 사용하기보다는 다른 메서드와 결합해 복합 액션으로 만들어 사용한다.

click() 메서드의 API 문법은 다음과 같다.

```
public Actions click()
```

click() 메서드는 액션을 수행하는 지점의 정보가 필요하지 않아 메서드로 전달하는 인자도 없다. click() 메서드를 사용하는 예제를 살펴보자.

```
@Test
public void shouldMoveByOffSetAndClick() {

    driver.get("http://guidebook.seleniumacademy.com/Selectable.html");

    WebElement seven = driver.findElement(By.name("seven"));
    System.out.println("X coordinate: " + seven.getLocation().getX() +
            ", Y coordinate: " + seven.getLocation().getY());
    Actions actions = new Actions(driver);
    actions.moveByOffset(seven.getLocation().getX() + 1, seven.
```

```
            getLocation().getY() + 1).click();
        actions.perform();
    }
```

예제에서는 moveByOffset()과 click() 메서드를 결합해 커서 위치를 (0, 0)에서 7번 타일 위치로 이동한다. 처음 마우스 커서가 위치하는 (0, 0)에서 moveByOffset() 메서드로 x, y 오프셋을 이동시켜 7번 타일 엘리먼트 위치에 도달한다. 다음 예제는 1번 타일과 11번 타일, 5번 타일을 차례대로 이동하며 클릭한다. 우선, 브라우저 개발자 도구로 Selectable.html 페이지를 조사해보자. 숫자 타일에 적용된 스타일은 다음과 같다.

```
#selectable li {
    float: left;
    font-size: 4em;
    height: 80px;
    text-align: center;
    width: 100px;
}
.ui-state-default, .ui-widget-content .ui-state-default, .ui-widgetheader
.ui-state-default {
    background: url("images/ui-bg_glass_75_e6e6e6_1x400.png") repeat-x
    scroll 50% 50% #E6E6E6;
    border: 1px solid #D3D3D3;
    color: #555555;
    font-weight: normal;
}
```

오프셋으로 커서를 움직일 때는 스타일과 관련해 고려할 사항이 3가지 있다. height, width, border 값인데, height는 80px, width는 100px, border는 1px의 값을 가진다. 타일을 이동하려면 지금 설명한 3가지 요소를 계산에 넣어야 한다. 타일의 경계는 양쪽 타일의 테두리를 합쳐 2px이 된다는 점에 유의한다. 아래 코드는 moveByOffset()과 click() 메서드를 사용해 1번, 11번, 5번 타일을 차례대로 클릭한다.

```
@Test
public void shouldMoveByOffSetAndClickMultiple() {

    driver.get("http://guidebook.seleniumacademy.com/Selectable.html");

    WebElement one = driver.findElement(By.name("one"));
    WebElement eleven = driver.findElement(By.name("eleven"));
    WebElement five = driver.findElement(By.name("five"));
    int border = 1;
    int tileWidth = 100;
    int tileHeight = 80;
    Actions actions = new Actions(driver);

    // 1번 타일 클릭
    actions.moveByOffset(one.getLocation().getX() + border, one.getLocation().
    getY() + border).click();
    actions.build().perform();

    // 11번 타일 클릭
    actions.moveByOffset(2 * tileWidth + 4 * border, 2 * tileHeight + 4 *
    border).click();
    actions.build().perform();

    // 5번 타일 클릭
    actions.moveByOffset(-2 * tileWidth - 4 * border, -tileHeight - 2 *
    border).
            click();
    actions.build().perform();
}
```

웹 엘리먼트를 사용하는 click 액션

앞선 예제에서는 오프셋을 계산해 웹 엘리먼트를 클릭했다. 하지만 좌표를 계산하는 방식으로만 엘리먼트를 클릭할 수 있는 건 아니다. click() 메서드에 name이나 ID 같은 식별자를 전달해서 엘리먼트를 직접 클릭할 수도 있다.

웹 엘리먼트를 클릭하는 API 문법은 다음과 같다.

```
public Actions click(WebElement onElement)
```

click() 메서드는 click 액션을 수행하는 웹 엘리먼트 인스턴스를 인자로 받는다. 다른 Action 클래스의 메서드와 마찬가지로 Actions 인스턴스를 반환한다.

앞 예제에서 moveByOffset() 메서드를 click(WebElement) 메서드로 바꾸고 웹 엘리먼트와 click() 메서드를 사용해 숫자 타일을 클릭해보자.

```
@Test
public void shouldClickOnElement() {

    driver.get("http://guidebook.seleniumacademy.com/Selectable.html");

    WebElement one = driver.findElement(By.name("one"));
    WebElement eleven = driver.findElement(By.name("eleven"));
    WebElement five = driver.findElement(By.name("five"));
    Actions actions = new Actions(driver);

    // 1번 타일 클릭
    actions.click(one);
    actions.build().perform();

    // 11번 타일 클릭
    actions.click(eleven);
    actions.build().perform();

    // 5번 타일 클릭
    actions.click(five);
    actions.build().perform();
}
```

moveByOffset() 메서드를 click(WebElement) 메서드로 교체하면서 복잡한 좌표 계산이 사라졌다. 이번 예제는 개발자에게 웹 엘리먼트에 식별자를 부여하도록 요청할 수

158

있는 좋은 사례 중 하나다.

앞서 moveByOffset과 click을 사용한 예제와 방금 설명한 예제를 유심히 살펴보면 타일을 클릭하는 조작이나 실행 절차를 각 줄에서 따로 정의하고 있다. 이런 방식은 Actions 클래스를 올바르게 사용하는 것이 아니다. 모든 액션은 하나로 묶어 한 번에 실행할 수 있는데, 위 예제 코드는 다시 아래와 같이 수정할 수 있다.

```
@Test
public void shouldClickOnElement() {

    driver.get("http://guidebook.seleniumacademy.com/Selectable.html");

    WebElement one = driver.findElement(By.name("one"));
    WebElement eleven = driver.findElement(By.name("eleven"));
    WebElement five = driver.findElement(By.name("five"));
    Actions actions = new Actions(driver);

    actions.click(one)
            .click(eleven)
            .click(five)
            .build().perform();
}
```

clickAndHold 액션

clickAndHold() 메서드는 마우스로 엘리먼트를 클릭한 후 손을 떼지 않고 그대로 누르고 있는 동작을 시뮬레이트한다. 드래그 앤 드롭 같은 동작도 clickAndHold() 메서드로 구현할 수 있는데, clickAndHold()는 Actions 클래스에서 제공하는 다양한 메서드 중 하나다. 지금부터 Actions 클래스가 제공하는 여러 메서드를 하나씩 살펴보자.

Sortable.html 파일을 브라우저에서 열어보자. 숫자 타일은 원하는 위치로 옮길 수 있다. 순서가 뒤바뀐 3번 타일을 2번 타일과 바꿔 번호를 순서대로 나열해보자. 타일을 옮기는 동작은 아래와 같이 단계별로 나눌 수 있다.

1. 커서를 3번 타일 위로 이동한다.

2. 3번 타일을 클릭한다.

3. 커서를 2번 타일 위로 이동한다.

아래 코드를 통해 웹드라이버의 clickAndHold() 메서드로 숫자 타일을 옮겨보자.

```
@Test
public void shouldClickAndHold() {

    driver.get("http://guidebook.seleniumacademy.com/Sortable.html");

    Actions actions = new Actions(driver);

    // 3번 타일을 2번 타일 위치로 이동
    actions.moveByOffset(200, 20)
            .clickAndHold()
            .moveByOffset(120, 0)
            .perform();
}
```

예제의 다음 부분을 자세히 살펴보자.

```
actions.moveByOffset(200, 20)
        .clickAndHold()
        .moveByOffset(120, 0)
        .perform();
```

타일 이동은 다음 스크린샷과 비슷한 모양이 된다.

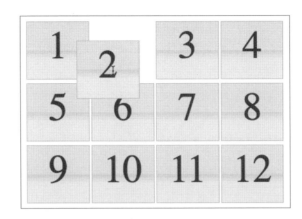

처음 액션은 커서를 3번 타일로 이동한다. 그다음 타일을 클릭하고 클릭 상태를 유지한 후 커서 위치를 오른쪽으로 120픽셀 이동하는 액션을 실행한다. 이클립스에서 예제 코드를 실행하면 3번 타일을 그대로 잡고 있는데, 마우스 클릭을 놓지 않고 잡고 있기 때문이다. 마우스를 놓는 release() 메서드는 잠시 후 다뤄보기로 한다.

웹 엘리먼트를 사용하는 clickAndHold 액션

앞 예제에서 clickAndHold() 메서드를 살펴봤는데, 커서가 위치한 지점의 웹 엘리먼트를 클릭한 상태를 계속 유지할 수 있었다. clickAndHold()는 핸들링하고 있는 엘리먼트가 무엇인지는 상관없다. 결국, 웹 페이지에서 특정 웹 엘리먼트를 클릭하려면 특정 위치로 커서를 이동하고 clickAndHold() 액션을 수행하면 된다. 하지만 이렇게 좌표로 커서를 이동하는 번거로운 과정을 피하고자 웹드라이버에서는 웹 엘리먼트를 사용하는 clickAndHold() 오버로드 메서드를 제공한다.

API 문법은 다음과 같다.

```
public Actions clickAndHold(WebElement onElement)
```

클릭해서 붙잡고 있을 웹 엘리먼트를 인자로 받는다. 다른 Actions 클래스의 메서드와 마찬가지로 Actions 인스턴스를 반환한다. clickAndHold() 메서드를 사용해 앞 예제를 리팩터링해보자.

```
@Test
public void shouldClickAndHoldElement() {

    driver.get("http://guidebook.seleniumacademy.com/Sortable.html");

    Actions actions = new Actions(driver);
    WebElement three = driver.findElement(By.name("three"));

    // 3번 타일을 2번 타일 위치로 이동
    actions.clickAndHold(three)
            .moveByOffset(120, 0)
            .perform();
}
```

앞 예제와 다른 점은 커서를 (200, 20) 위치로 이동하는 액션을 없애고 clickAndHold() 메서드를 사용한 부분이다. 이제 좌표 대신 clickAndHold()에 넣을 웹 엘리먼트만 식별하면 된다.

release 액션

앞선 예제에선 엘리먼트를 마우스로 클릭한 상태를 계속 유지했다. 결국은 마우스에서 손을 떼고 엘리먼트를 적절한 위치에 내려놓아야 하는데, release() 메서드는 웹 엘리먼트를 잡고 있는 마우스 버튼에서 손을 떼는 액션을 수행한다.

release() 메서드의 API 문법은 다음과 같다.

```
public Actions release().
```

release() 메서드는 전달받는 인자가 없고, **Actions** 클래스 인스턴스를 반환한다.

앞 예제에 release 액션을 추가해보자.

```
@Test
public void shouldClickAndHoldAndRelease() {

    driver.get("http://guidebook.seleniumacademy.com/Sortable.html");

    WebElement three = driver.findElement(By.name("three"));
    Actions actions = new Actions(driver);

    // 3번 타일을 2번 타일 위치로 이동
    actions.clickAndHold(three)
            .moveByOffset(120, 0)
            .release()
            .perform();
}
```

위 코드를 실행하면 특정 위치에 다다르면 마우스에서 손을 뗀다.

웹 엘리먼트를 사용하는 release 액션

이번에는 웹 엘리먼트를 인자로 받는 **release()** 메서드를 알아보자. 이 메서드를 사용하면 현재 붙잡고 있는 웹 엘리먼트를 다른 엘리먼트 위에 놓을 수 있다. 대상 웹 엘리먼트의 오프셋을 계산해가며 타일을 옮길 필요가 없다.

API 문법은 다음과 같다.

```
public Actions release(WebElement onElement)
```

release() 메서드는 잡고 있는 웹 엘리먼트를 내려놓을 대상 웹 엘리먼트를 인자로 받는다. **Actions** 클래스 인스턴스를 반환한다.

앞 예제를 다시 아래와 같이 바꿔보자.

```
@Test
public void shouldClickAndHoldAndReleaseOnElement() {

    driver.get("http://guidebook.seleniumacademy.com/Sortable.html");

    WebElement three = driver.findElement(By.name("three"));
    WebElement two = driver.findElement(By.name("two"));
    Actions actions = new Actions(driver);

    // 3번 타일을 2번 타일 위치로 이동
    actions.clickAndHold(three)
            .release(two)
            .perform();
}
```

코드가 한결 깔끔해졌다. 웹 엘리먼트를 인자로 받는 release() 메서드에 name 속성값
이 two인 웹 엘리먼트를 사용하여 moveByOffset 구문을 모두 제거했다.

 clickAndHold() 메서드를 호출하지 않은 상태에서 release()나 release(WebElement)
메서드를 사용하면 예상치 못한 결과를 초래할 수 있다.

moveToElement 액션

moveToElement()는 마우스 커서를 웹 페이지에 있는 웹 엘리먼트로 이동하는 웹 드라이
버 메서드 중 하나이다.

moveToElement() 메서드의 API 문법은 다음과 같다.

```
public Actions moveToElement(WebElement toElement)
```

마우스 커서를 이동시킬 웹 엘리먼트를 인자로 받는다. 앞서 다뤘던 'clickAndHold 액션' 절의 예제를 새로운 메서드를 사용해 수정해보자. 다음 예제는 'clickAndHold 액션' 절의 예제다.

```
@Test
public void shouldClickAndHold() {

    driver.get("http://guidebook.seleniumacademy.com/Sortable.html");

    Actions actions = new Actions(driver);

    // 3번 타일을 2번 타일 위치로 이동
    actions.moveByOffset(200, 20)
            .clickAndHold()
            .moveByOffset(120, 0)
            .perform();
}
```

moveByOffset(x, y) 메서드를 moveToElement(WebElement) 메서드로 교체한다.

```
@Test
public void shouldClickAndHoldAndMove() {

    driver.get("http://guidebook.seleniumacademy.com/Sortable.html");

    WebElement three = driver.findElement(By.name("three"));
    Actions actions = new Actions(driver);

    // 3번 타일을 2번 타일 위치로 이동
    actions.moveToElement(three)
            .clickAndHold()
            .moveByOffset(120, 0)
            .perform();
}
```

예제는 3번 타일 위치로 커서를 이동해 클릭한 다음 마우스에서 손을 떼지 않은 채 커서 위치를 2번 타일로 이동한다. `perform()` 메서드 앞에 `release()` 메서드를 추가할 수도 있다.

 지금까지 살펴본 방법 외에도 다양한 방식으로 같은 결과를 얻을 수 있다. 상황에 맞는 방법을 찾는 것은 스크립트 작성자의 몫이다.

dragAndDropBy 액션

웹에서는 컴포넌트나 웹 엘리먼트를 대상으로 드래그 앤 드롭을 많이 사용한다. 앞에서 알아봤듯 액션을 조합해 드래그 앤 드롭을 사용할 수도 있지만, 웹드라이버에선 드래그 앤 드롭을 간편하게 사용하도록 별도의 메서드를 제공한다. 아래 API를 살펴보자.

`dragAndDropBy()` API 메서드 문법은 다음과 같다.

```
public Actions dragAndDropBy(WebElement source, int xOffset,int yOffset)
```

`WebElement` 인자는 드래그할 대상 웹 엘리먼트다. `xOffset`과 `yOffset`은 옮길 위치의 수평 오프셋과 수직 오프셋이다.

예제 코드를 살펴보자. 예제 파일로 제공하는 DragMe.html 파일을 열면, 다음 스크린샷과 같은 사각 상자가 나온다.

웹 페이지에 보이는 사각형을 이곳저곳으로 드래그할 수 있다. 웹드라이버를 이용해 드래그 앤 드롭을 사용하는 예제 코드를 살펴보자.

```
@Test
public void shouldDrag() {

    driver.get("http://guidebook.seleniumacademy.com/DragMe.html");

    WebElement dragMe = driver.findElement(By.id("draggable"));
    Actions actions = new Actions(driver);
    actions.dragAndDropBy(dragMe, 300, 200).perform();
}
```

예제에서 dragMe는 ID로 식별한 웹 엘리먼트며 가로 300px, 세로 200px 위치로 이동한다. 다음 스크린샷은 엘리먼트가 이동된 위치를 보여준다.

dragAndDrop 액션

dragAndDrop() 메서드는 dragAndDropBy() 메서드와 동작이 비슷하다. 차이점은 웹 엘리먼트를 옮기는 목적지로 오프셋 좌표 대신 타깃 엘리먼트를 사용한다.

dragAndDrop() 메서드의 API 문법은 다음과 같다.

```
public Actions dragAndDrop(WebElement source, WebElement target)
```

메서드에 전달하는 인자는 드래그할 웹 엘리먼트와 내려놓을 웹 엘리먼트다. Actions 클래스를 반환한다.

예제 코드를 살펴보자. DragAndDrop.html 파일을 열면 다음 스크린샷처럼 두 개의 사각형이 나타난다.

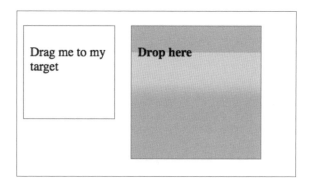

Drag me to my target이라 표시된 사각형을 Drop here 영역으로 드래그할 수 있다. 웹
드라이버를 사용하는 방법을 살펴보자.

```java
@Test
public void shouldDragAndDrop() {

    driver.get("http://guidebook.seleniumacademy.com/DragAndDrop.html");

    WebElement src = driver.findElement(By.id("draggable"));
    WebElement trgt = driver.findElement(By.id("droppable"));
    Actions actions = new Actions(driver);
    actions.dragAndDrop(src, trgt).perform();
}
```

예제에서는 드래그할 웹 엘리먼트와 내려놓을 웹 엘리먼트를 ID로 식별하고 dragAnd
Drop() 메서드로 웹 엘리먼트를 드래그한다. 첫 번째 상자를 드래그해 두 번째 상자에
놓으면 다음 스크린샷과 같은 모양이 된다.

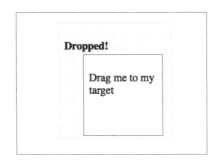

doubleClick 액션

마우스를 사용하는 다른 액션을 알아보자. `doubleClick()`은 웹드라이버에서 마우스 더블클릭을 에뮬레이션하도록 제공하는 특별 메서드다. `click()` 메서드와 마찬가지로 두 가지 사용법이 있다. 웹 엘리먼트를 대상으로 더블클릭하는 예제는 뒷장에서 알아보기로 하며, 우선 현재 위치에서 더블클릭을 실행하는 예제를 살펴보자.

API 문법은 다음과 같다.

```
public Actions doubleClick()
```

현재 위치에서 클릭을 수행하기 때문에 아무런 인자를 받지 않으며 `Actions` 클래스 인스턴스를 반환한다. `doubleClick()` 메서드를 사용하는 예제를 보자.

```
@Test
public void shouldDoubleClick() {

    driver.get("http://guidebook.seleniumacademy.com/DoubleClick.html");

    WebElement dblClick= driver.findElement(By.name("dblClick"));
    Actions actions = new Actions(driver);
    actions.moveToElement(dblClick).doubleClick().perform();
}
```

코드를 실행하면 마우스를 버튼 위치로 옮기고 현재 위치에서 더블클릭을 실행하도록 moveToElement(WebElement) 메소드를 사용해야 한다. 예제 페이지의 엘리먼트에서 더블클릭을 실행한 결과는 다음과 같다.

웹 엘리먼트를 사용하는 doubleClick 액션

앞선 예제에선 현재 위치에서 더블클릭하는 방법을 살펴봤다. 이제 더블클릭을 에뮬레이트하는 웹드라이버의 다른 메서드를 알아보자.

doubleclick() 메서드의 API 문법은 다음과 같다.

```
public Actions doubleClick(WebElement onElement)
```

더블클릭할 웹 엘리먼트를 인자로 받으며 Actions 클래스를 반환한다.

엘리먼트를 더블클릭하는 예제를 살펴보자. DoubleClick.html 파일을 열어 나타나는 Click Me라고 쓰인 버튼을 한 번 클릭하면 아무런 반응이 없지만, 버튼을 더블클릭하면 Double Clicked!!라는 알림 창이 나타난다. 웹드라이버로 같은 동작을 수행할 수 있다. 코드는 다음과 같다.

```
@Test
public void shouldDoubleClickElement() {
driver.get("http://guidebook.seleniumacademy.com/DoubleClick.html");

    WebElement dblClick = driver.findElement(By.name("dblClick"));
```

```
    Actions actions = new Actions(driver);
    actions.doubleClick(dblClick).perform();
  }
```

예제를 실행하면 버튼을 더블클릭했다는 알림 창이 나타난다.

웹 엘리먼트를 사용하는 contextClick 액션

흔히 말하는 마우스 오른쪽 버튼 클릭인 contextClick() 메서드는 요즘 웹 페이지에서
흔히 사용하는 액션으로, 다음 스크린샷과 같은 메뉴가 나타난다.

컨텍스트 메뉴는 해당 웹 엘리먼트에서 마우스 오른쪽 버튼을 클릭해 열 수 있다. 웹드라
이버는 contextclick() 메서드를 제공해 이런 사용자 액션을 수행하는데, 다른 메서드
와 마찬가지로 contextclick() 메서드도 두 가지 사용방법이 있다. 하나는 현재 위치에
서 클릭 액션을 수행하고, 다른 하나는 오버로딩한 메서드를 사용해 웹 엘리먼트에서 액
션을 수행한다. 웹 엘리먼트를 사용해 컨텍스트 메뉴를 클릭하는 방법을 먼저 알아보자.

contexClick() 메서드의 API 문법은 다음과 같다.

```
public Actions contextClick(WebElement onElement)
```

마우스 오른쪽 버튼을 클릭할 웹 엘리먼트가 메서드 인자가 되며 반환 타입은 Actions 클래스 인스턴스가 된다. 컨텍스트란 웹 페이지 상태에 따라서 웹 엘리먼트와 관련된 항목 리스트를 표시하는 메뉴를 의미한다. 예제 코드를 살펴보자. ContextClick.html 파일을 열어 웹 페이지에 보이는 텍스트 위에서 마우스 오른쪽 버튼을 클릭하면 컨텍스트 메뉴가 표시된다. 메뉴 중 하나를 클릭하면 클릭한 아이템에 대한 알림 창이 나타난다. 웹 드라이버를 사용해 구현한 예제 코드를 살펴보자.

```
@Test
public void shouldContextClick() {

    driver.get("http://guidebook.seleniumacademy.com/ContextClick.html");

    WebElement contextMenu = driver.findElement(By.id("div-context"));
    Actions actions = new Actions(driver);
    actions.contextClick(contextMenu)
            .click(driver.findElement(By.name("Item 4")))
            .perform();
}
```

예제는 contextMenu 웹 엘리먼트에서 contextClick() 메서드로 오른쪽 버튼을 클릭하고 컨텍스트 메뉴가 열리면 Item 4를 클릭한다. 액션이 정상적으로 동작하면 Item 4 Clicked라는 알림 창이 나타난다.

현재 위치에서 contextClick 액션

앞선 예제에선 웹 엘리먼트 대상으로 컨텍스트 메뉴를 클릭하는 방법을 알아봤다. 이번엔 현재 마우스 위치에서 contextClick() 메서드를 사용해보자. contextClick() 메서드의 API 문법은 다음과 같다.

```
public Actions contextClick()
```

예상대로 contextClick() 메서드는 인자를 받지 않으며 Actions 클래스 인스턴스를 반환한다. 앞 예제에서 현재 위치를 클릭하는 메서드를 사용하기 위해 수정이 필요한 부분을 생각해보자. 리팩터링한 결과는 다음과 같다.

```
@Test
public void shouldContextClickAtCurrentLocation() {

    driver.get("http://guidebook.seleniumacademy.com/ContextClick.html");

    WebElement contextMenu = driver.findElement(By.id("div-context"));
    Actions actions = new Actions(driver);
    actions.moveToElement(contextMenu)
            .contextClick()
            .click(driver.findElement(By.name("Item 4")))
            .perform();
}
```

위 코드에선 div-context 웹 엘리먼트로 커서를 이동한 다음 컨텍스트 클릭 액션을 실행한다.

▌ 키보드 인터랙션

지금까지 마우스를 사용해 조작할 수 있는 액션을 모두 살펴봤다. 이제 키보드에 특화된 액션을 알아볼 차례다. Actions 클래스의 키보드 액션은 3가지가 있다. keyUp, keyDown, sendKeys 액션은 오버로딩 버전의 메서드를 추가로 갖고 있는데, 웹 엘리먼트에 직접 접근해 액션을 실행하는 메서드와 웹 엘리먼트와는 상관없이 실행할 수 있는 메서드를 따로 제공한다.

keyDown, keyUp 액션

keyDown() 메서드는 키보드를 누르고 있는 액션을 시뮬레이트한다. 누른 상태를 유지할 수 있는 키는 Shift, Ctrl, Alt 키다. keyUp() 메서드는 keyDown()으로 누르고 있던 키를 놓는 동작에 사용한다. keyDown() 메서드의 API 문법은 다음과 같다.

```
public Actions keyDown(Keys theKey) throws IllegalArgumentException
```

누르는 키에 Shift, Ctrl, Alt 이외의 키가 들어가면 IllegalArgumentException이 발생한다. keyUp() 메서드의 API 문법은 다음과 같다.

```
public Actions keyUp(Keys theKey)
```

keyUp 액션은 키를 대상으로 실행하는데, keyDown 액션으로 미리 눌러놓은 상태가 아니면 생각과 다르게 동작할 수 있다. 이 점에 유의해 keyDown 액션과 keyUp 액션을 사용해야 한다.

sendKeys() 메서드

sendKeys() 메서드는 textbox나 textarea 같은 웹 엘리먼트에 글자, 숫자, 특수 문자를 입력할 때 사용한다. sendKeys() 메서드는 WebElement.sendKeys(CharSequence keysToSend) 메서드와 달리, 대상 웹 엘리먼트에 이미 포커스가 있다는 가정하에 호출한다. 메서드의 API 문법은 다음과 같다.

```
public Actions sendKeys(CharSequence keysToSend)
```

키보드를 통해 이뤄지는 액션 이벤트는 keyUp(), keyDown(), sendKeys()를 사용해 테스트 스크립트를 몇 개 만들면서 확인해보기 바란다.

▋ 요약

5장에선 `actions` 클래스를 사용해 만든 사용자 액션을 복합 액션으로 구성한 후 `perform()` 메서드로 실행하는 방법을 학습했다. 이렇게 하면 복잡한 사용자 액션도 하나의 동작으로 만들어 한 번에 실행할 수 있다. 6장에서는 웹드라이버 이벤트와 이벤트를 감지하고 고급 액션을 수행하는 방법을 살펴본다.

▋ 질문

1. 참 또는 거짓 – 드래그 앤 드롭 액션은 대상 엘리먼트와 내려놓을 엘리먼트가 꼭 있어야 한다.
2. 액션 API를 통해 실행할 수 있는 키보드 메서드를 나열해보라.
3. 더블 클릭 동작을 수행하는 데 사용하는 액션 API는 무엇인가?
4. 액션 API를 사용해서 저장(보통 Ctrl + S로 부르는)을 수행하는 방법은?
5. 액션 API로 컨텍스트 메뉴를 여는 방법은?

▋ 더 살펴보기

다음 링크에 5장에서 다룬 내용에 대한 더 자세한 정보가 있다.

- 고급 사용자 인터랙션에 대한 더 많은 내용을 https://github.com/Selenium HQ/selenium/wiki/Advanced-User-Interactions에서 볼 수 있다.
- 언메시 건데차의 저서 Selenium Testing Tools Cookbook 2nd, Edition의 4장 (1판인 Selenium 웹드라이버 테스트 자동화의 2장 일부), 셀레늄 API 사용, 마크 콜린의 저서 Master Selenium WebDriver의 6장, 고급 사용자 인터랙션 API 활용

웹드라이버 이벤트의 이해

셀레늄 웹드라이버는 테스트를 수행하는 동안 발생하는 다양한 이벤트를 추적하는 API
를 제공한다. 특정 URL로 이동하기 전과 후, 브라우저의 뒤로 가기 전과 후처럼 이벤트
가 발생하는 시점 전후의 다양한 내비게이션 이벤트를 추적해 캡처할 수 있는데, 이벤
트를 발생시킬 때는 EventFiringWebDriver 클래스를, 캡처할 때는 WebDriverEvent
Listener 인터페이스를 사용한다. 테스트 스크립트 개발자는 해당 인터페이스에서 필요
한 메서드를 오버라이드해서 구현해야 한다. 6장에서는 다음 주제를 살펴본다.

- EventFiringWebDriver 클래스에서 다양한 브라우저 내비게이션 이벤트를 수신
  하고 처리하는 방법
- 테스트를 수행하며 발생하는 웹 엘리먼트에서 발생하는 액션 이벤트를 수신하
  고 처리하는 방법
- 성능 측정이나 접근성 테스트를 위한 웹드라이버 추가 기능

▌ eventFiringWebDriver와 eventListener 클래스

EventFiringWebDriver 클래스는 웹드라이버를 감싸는 일종의 래퍼로서 웹드라이버에 이벤트 발생 기능이 추가돼 있다. 반면 EventListener 클래스는 EventFiringWebDriver 에서 만든 이벤트 신호를 수신하고 처리한다. EventFiringWebDriver 클래스에서 발생하는 이벤트에 대한 리스너는 여러 개가 존재할 수 있는데, 이벤트를 받는 이벤트 리스너는 모두 EventFiringWebDriver 클래스에 등록되어 있어야 한다.

아래 순서도는 테스트 수행 중 EventFiringWebDriver에서 발생하는 모든 이벤트의 캡처 방법이다.

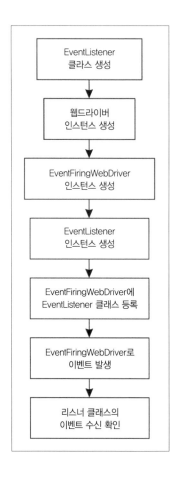

▍EventListener 인스턴스 생성

EventListener 클래스는 EventFiringWebDriver 클래스를 통해 발생하는 모든 이벤트를 처리한다. EventListener 클래스는 아래의 두 가지 방법으로 만들 수 있다.

- WebDriverEventListener 인터페이스 구현
- WebDriver 라이브러리에서 제공하는 AbstractWebDriverEventListener 클래스 상속

어떤 방법을 선택할지는 테스트 스크립트를 작성하는 개발자의 몫이다.

WebDriverEventListener 인터페이스 구현

WebDriverEventListener 인터페이스에는 모든 이벤트 메서드가 정의돼 있다. Event FiringWebDriver 클래스에서 이벤트가 발생하면, 곧바로 WebDriverEventListener에 등록된 메서드가 실행된다. WebDriverEventListener 인터페이스를 구현하는 IAmThe EventListener라는 이름의 클래스를 만든다면, 인터페이스에 정의된 모든 메서드를 구현해야 한다. 현재 WebDriverEventListener 인터페이스에는 15개의 메서드가 있다. 각 메서드의 설명은 잠시 후 알아보기로 하자. IDE에서 제공하는 자동 구현 기능을 사용하면 클래스는 다음과 같이 15개의 오버로드 메서드를 가지게 된다(예를 들고자 몇몇 메서드는 미리 구현돼 있다).

```
public class IAmTheEventListener implements WebDriverEventListener {
    @Override
    public void beforeAlertAccept(WebDriver webDriver) {
    }

    @Override
    public void afterAlertAccept(WebDriver webDriver) {

    }
```

```java
    @Override
    public void afterAlertDismiss(WebDriver webDriver) {

    }

    @Override
    public void beforeAlertDismiss(WebDriver webDriver) {
    }

    @Override
    public void beforeNavigateTo(String url, WebDriver webDriver) {
        System.out.println("Before Navigate To " + url);
    }

    @Override
    public void afterNavigateTo(String s, WebDriver webDriver) {
        System.out.println("Before Navigate Back. Right now I'm at "
                + webDriver.getCurrentUrl());
    }

    @Override
    public void beforeNavigateBack(WebDriver webDriver) {
    }

    @Override
    public void afterNavigateBack(WebDriver webDriver) {
    }

    @Override
    public void beforeNavigateForward(WebDriver webDriver) {
    }

    @Override
    public void afterNavigateForward(WebDriver webDriver) {
    }

    @Override
    public void beforeNavigateRefresh(WebDriver webDriver)      {
    }
```

```java
@Override
public void afterNavigateRefresh(WebDriver webDriver) {
}

@Override
public void beforeFindBy(By by, WebElement webElement, WebDriver
webDriver) {
}

@Override
public void afterFindBy(By by, WebElement webElement, WebDriver
webDriver) {
}

@Override
public void beforeClickOn(WebElement webElement, WebDriver webDriver) {
}

@Override
public void afterClickOn(WebElement webElement, WebDriver webDriver) {
}

@Override
public void beforeChangeValueOf(WebElement webElement, WebDriver
webDriver, CharSequence[] charSequences) {

}

@Override
public void afterChangeValueOf(WebElement webElement, WebDriver webDriver,
CharSequence[] charSequences) {

}

@Override
public void beforeScript(String s, WebDriver webDriver)     {
}

@Override
public void afterScript(String s, WebDriver webDriver)     {
```

```
    }

    @Override
    public void onException(Throwable throwable, WebDriver webDriver) {
    }
}
```

AbstractWebDriverEventListener 상속 구현

두 번째 방법으로, AbstractWebDriverEventListener 클래스를 상속해 리스너 클래스를 생성할 수도 있다. AbstractWebDriverEventListener는 WebDriverEventListener 인터페이스를 구현한 추상 클래스로 WebDriverEventListener 인터페이스가 실제로 구현돼 있는 건 아니다. 인터페이스에 대한 빈 메서드가 이미 만들어져 있기 때문에 인터페이스의 메서드를 따로 구현할 필요가 없다. 결과적으로, 스크립트 개발자는 필요한 메서드에만 집중하면 된다. 아래 예제는 AbstractWebDriverEventListener를 상속해서 만든 클래스다. 메서드는 몇 가지 이벤트에 대한 동작으로 이뤄져 있는데, 이렇게 하면 전체 메서드를 구현하지 않아도 필요한 메서드만 오버라이드해서 사용할 수 있다.

```
package com.example;

import org.openqa.selenium.WebDriver;
import org.openqa.selenium.support.events.AbstractWebDriverEventListener;

public class IAmTheEventListener2 extends AbstractWebDriverEventListener {

    @Override
    public void beforeNavigateTo(String url, WebDriver driver) {
        System.out.println("Before Navigate To "+ url);
    }
    @Override
    public void beforeNavigateBack(WebDriver driver) {
        System.out.println("Before Navigate Back. Right now I'm at "
```

```
                    + driver.getCurrentUrl());
    }
}
```

WebDriver 인스턴스 생성

앞선 예제를 통해 생성되는 모든 이벤트를 수신하는 리스너 클래스를 만들었다. 이제
IAmTheDriver.java 파일에 테스트 스크립트를 만들어보자. 새로 만든 클래스에서 아
래와 같이 크롬 드라이버 인스턴스를 생성한다.

```
WebDriver driver = new ChromeDriver();
```

크롬 드라이버 인스턴스는 모든 드라이버 이벤트를 처리하는 드라이버 인스턴스가 된다.
이 과정은 이미 알고 있는 드라이버 인스턴스 생성 방법과 별반 다르지 않다. 다음은 이
렇게 만든 드라이버를 EventFiringWebDriver 인스턴스로 만드는 과정이다.

EventFiringWebDriver와 EventListener 인스턴스 생성

앞에서 생성한 드라이버 인스턴스를 인자로 EventFiringWebDriver 인스턴스를 만들어
보자. 지금 만드는 드라이버 인스턴스를 사용해 이후에 나오는 사용자 액션을 수행하게
된다.

아래 코드처럼 EventFiringWebDriver와 이벤트 리스너를 인스턴스화한다. 이벤트 리스
너는 앞에서 만든 IAmTheEventListener.java나 IAmTheEventListener2.java 클래스
중 하나를 선택해 사용한다.

```
EventFiringWebDriver eventFiringDriver =
        new EventFiringWebDriver(driver);
```

```
IAmTheEventListener eventListener =
        new IAmTheEventListener();
```

EventFiringWebDriver에 EventListener 등록

EventListener가 이벤트 발생을 감지하려면 EventFiringWebDriver 클래스에 해당 EventListener를 등록해야 한다. 이제 EventFiringWebDriver 클래스는 이벤트가 발생했을 때 어디로 보내야 할지 알고 있다. eventFiringDriver.register(eventListener) 코드로 이벤트를 등록할 수 있다.

이벤트 발생과 확인

내비게이션 이벤트 같은 이벤트를 실행하는 테스트 스크립트를 살펴보자. 처음엔 구글로 갔다 페이스북으로 이동한 후 브라우저의 뒤로 가기 기능을 통해 구글로 되돌아간다. 전체 예제 코드는 다음과 같다.

```java
public class IAmTheDriver {
    public static void main(String... args){

        System.setProperty("webdriver.chrome.driver",
                "./src/test/resources/drivers/chromedriver");

        WebDriver driver = new ChromeDriver();

        try {
            EventFiringWebDriver eventFiringDriver = new
                    EventFiringWebDriver(driver);
            IAmTheEventListener eventListener = new IAmTheEventListener();
            eventFiringDriver.register(eventListener);
            eventFiringDriver.get("http://www.google.com");
            eventFiringDriver.get("http://www.facebook.com");
            eventFiringDriver.navigate().back();
```

```
        } finally {
            driver.close();
            driver.quit();
        }
    }
}
```

navigateTo와 navigateBack 이벤트 발생 전후에 기록을 남기도록 AbstractWebDriver
EventListener 클래스를 상속한 앞 절의 리스너 클래스 예제를 수정해보자. 수정된 코
드는 다음과 같다.

```
@Override
public void beforeNavigateTo(String url, WebDriver driver) {
    System.out.println("Before Navigate To: " + url
            + " and Current url is: " + driver.getCurrentUrl());
}

@Override
public void afterNavigateTo(String url, WebDriver driver) {
    System.out.println("After Navigate To: " + url
            + " and Current url is: " + driver.getCurrentUrl());
}

@Override
public void beforeNavigateBack(WebDriver driver) {
    System.out.println("Before Navigate Back. Right now I'm at " + driver.
    getCurrentUrl());
}

@Override
public void afterNavigateBack(WebDriver driver) {
    System.out.println("After Navigate Back. Right now I'm at " + driver.
    getCurrentUrl());
}
```

스크립트를 실행하면 결과는 다음과 같다.

```
Before Navigate To: http://www.google.com and Current url is: data:,
 After Navigate To: http://www.google.com and Current url is:
https://www.google.com/?gws_rd=ssl
 Before Navigate To: http://www.facebook.com and Current url is:
https://www.google.com/?gws_rd=ssl
 After Navigate To: http://www.facebook.com and Current url is:
https://www.facebook.com/
 Before Navigate Back. Right now I'm at https://www.facebook.com/
 After Navigate Back. Right now I'm at https://www.google.com/?gws_rd=ssl
```

여러 개의 EventListener 등록

EventFiringWebDriver에는 리스너를 여러 개 등록할 수 있다. 이벤트가 발생하면 등록한 모든 리스너가 이벤트를 전달받는다. 테스트 스크립트에 IAmTheListener.java와 IAmTheListener2.java 파일의 리스너를 추가해보자.

```java
public class RegisteringMultipleListeners {
    public static void main(String... args){

        System.setProperty("webdriver.chrome.driver",
                "./src/test/resources/drivers/chromedriver");

        WebDriver driver = new ChromeDriver();

        try {
            EventFiringWebDriver eventFiringDriver = new
                    EventFiringWebDriver(driver);
            IAmTheEventListener eventListener = new IAmTheEventListener();
            IAmTheEventListener2 eventListener2 = new
                    IAmTheEventListener2();
            eventFiringDriver.register(eventListener);
```

```
            eventFiringDriver.register(eventListener2);
            eventFiringDriver.get("http://www.google.com");
            eventFiringDriver.get("http://www.facebook.com");
            eventFiringDriver.navigate().back();
        } finally {
            driver.close();
            driver.quit();
        }
    }
}
```

리스너가 동작하는 모습을 구별하기 위해 각 리스너의 로그 출력 부분을 수정한 후 예제
를 다시 실행해보자. 다음과 같은 결과를 확인할 수 있다.

```
Before Navigate To: http://www.google.com and Current url is: data:,
 Before Navigate To http://www.google.com
 After Navigate To: http://www.google.com and Current url is:
https://www.google.com/?gws_rd=ssl
 Before Navigate To: http://www.facebook.com and Current url is:
https://www.google.com/?gws_rd=ssl
 Before Navigate To http://www.facebook.com
 After Navigate To: http://www.facebook.com and Current url is:
https://www.facebook.com/
 Before Navigate Back. Right now I'm at https://www.facebook.com/
 Before Navigate Back. Right now I'm at https://www.facebook.com/
 After Navigate Back. Right now I'm at https://www.google.com/?gws_rd=ssl
```

▌ WebDriver에서 제공하는 이벤트 리스너

지금까지 EventListeners에서 제공하는 몇 가지 메서드를 살펴봤다. 이벤트가 발생하면
그에 맞는 메서드가 실행되는데, 예를 들어 navigateTo 이벤트가 발생하면 내비게이션

관련 before와 after 메서드가 실행된다. 계속해서 WebDriverEventListener에서 제공하는 나머지 메서드를 알아보자.

WebElement 값 변경 이벤트

sendKeys()나 clear() 같은 메서드로 웹 엘리먼트의 값을 변경하면 이벤트가 발생한다. 아래 두 가지 메서드로 이런 이벤트를 처리할 수 있다.

```
public void beforeChangeValueOf(WebElement element, WebDriver driver)
```

위 메서드는 웹 엘리먼트의 값을 변경하기 직전에 호출된다. 웹 엘리먼트 자신을 인자로 전달해서 변경되기 전 엘리먼트의 값을 기록할 수 있다.

```
public void afterChangeValueOf(WebElement element, WebDriver driver)
```

드라이버가 웹 엘리먼트의 값을 변경한 후에는 위 메서드가 호출된다. 마찬가지로 웹 엘리먼트와 웹드라이버를 인자로 전달하는데, 값을 변경하는 도중에 오류가 발생하면 afterChangeValueOf() 메서드는 동작하지 않는다.

WebElement 클릭 이벤트

webElement.click()으로 웹 엘리먼트를 클릭하면 클릭 이벤트가 발생한다. WebDriver Listener 구현체에서는 이벤트에 대한 아래 두 가지 메서드를 제공한다.

```
public void beforeClickOn(WebElement element, WebDriver driver)
```

위 메서드는 웹드라이버가 특정 웹 엘리먼트를 클릭할 때 실행된다. beforeClickOn() 메서드는 클릭의 대상이 되는 웹 엘리먼트와 클릭의 주체인 웹드라이버를 인자로 받는다. 메서드를 사용해 클릭한 엘리먼트와 클릭 액션을 수행한 드라이버를 알 수 있다.

```
public void afterClickOn(WebElement element, WebDriver driver)
```

웹 엘리먼트를 클릭하면 EventFiringWebDriver 클래스는 위 메서드에 이벤트를 전달한다. afterClickOn() 메서드는 beforeClickOn()처럼 웹 엘리먼트와 웹드라이버 인스턴스를 인자로 받는다. 클릭 도중 오류가 발생하면 위 메서드는 호출되지 않는다.

WebElement 검색 이벤트

findElement()나 findElements()를 사용해 웹 엘리먼트를 찾을 때는 검색 이벤트가 발생한다. 검색 이벤트를 다루는 두 가지 메서드가 제공된다.

```
public void beforeFindBy(By by, WebElement element, WebDriver driver)
```

위 메서드는 웹드라이버가 특정 웹 엘리먼트를 찾기 직전에 동작한다. 인자로 웹 엘리먼트를 찾는 지정자와 웹 엘리먼트, 웹드라이버 인스턴스를 사용한다.

```
public void afterFindBy(By by, WebElement element, WebDriver driver)
```

검색을 마치고 원하는 엘리먼트를 찾으면 EventFiringWebDriver 클래스는 위 메서드를 호출한다. 도중에 예외 상황이 발생하면 메서드는 호출되지 않고 예외가 발생한다.

브라우저

이벤트

브라우저 뒤로 가기 이벤트는 이미 앞선 예제에서 살펴봤는데, `driver.navigation().back()` 메서드를 사용할 때 내비게이션 이벤트가 발생하는 것을 확인했다. 뒤로 가기는 이전 페이지로 이동하는 것이며 다른 이벤트와 마찬가지로 두 가지 메서드가 있다.

```
public void beforeNavigateBack(WebDriver driver)
```

위 메서드는 브라우저의 뒤로 가기 동작 직전에 호출된다. 이벤트가 발생된 웹드라이버가 위 메서드의 인자로 전달된다.

```
public void afterNavigateBack(WebDriver driver)
```

이벤트 후에 동작하는 다른 메서드와 마찬가지로 위 메서드도 뒤로 가기 액션이 실행된 다음 호출된다. 두 가지 메서드의 동작은 브라우저의 히스토리와 상관없이 동작한다. 예를 들어 브라우저를 새로 열고 뒤로 가기 메서드를 호출하면 히스토리가 없으므로 브라우저에서는 다른 페이지로 이동하지 않지만, 내비게이션 이벤트는 발생하기 때문에 이벤트 리스너 메서드가 실행된다.

브라우저 앞으로 가기 이벤트

브라우저 앞으로 가기 이벤트는 `driver.navigate().forward()`를 사용해 앞으로 이동한다는 점을 제외하면 뒤로 가기 이벤트와 동일하다. 관련 메서드는 아래 두 가지가 있다.

- `public void afterNavigateForward(WebDriver driver)`
- `public void beforeNavigateForward(WebDriver driver)`

위 메서드도 뒤로 가기 액션을 감지하는 메서드와 동일하게 브라우저의 이동 여부와 상관없이 실행된다.

navigateTo 이벤트

이미 살펴봤듯이 페이지 이동 이벤트는 driver.get(url)을 실행할 때 발생한다. 관련 메서드는 아래 두 가지가 있다.

- `public void beforeNavigateTo(java.lang.String url, WebDriver driver)`
- `public void afterNavigateTo(java.lang.String url, WebDriver driver)`

위 메서드는 페이지 이동에 사용하는 URL과 이벤트를 발생하는 드라이버를 인자로 전달한다.

스크립트 실행 이벤트

자바스크립트를 실행할 때도 이벤트가 발생한다. 관련 메서드는 아래 두 가지가 있다.

- `public void beforeScript(java.lang.String script, WebDriver driver)`
- `public void afterScript(java.lang.String script, WebDriver driver)`

위 메서드는 실행할 자바스크립트 문자열과 웹드라이버를 인자로 받는다. 스크립트 실행 도중 오류가 발생하면, `afterScript()` 메서드는 호출되지 않는다.

예외 처리

예외 상황일 때도 이벤트가 발생한다. 예를 들어, `findElement()`를 사용해 웹 엘리먼트를 찾을 때 해당 엘리먼트가 없으면 `NoSuchElementException`이 발생하는데, 이때 익셉션 이벤트가 발생하고 아래 메서드로 예외 상황을 알 수 있다.

```
public void onException(java.lang.Throwable throwable, WebDriver driver)
```

이벤트 발생 이후에 동작하는 after<<이벤트명>>형식의 모든 메서드는 예외가 발생하면 실행되지 않는다. after<<이벤트명>> 대신 onException() 메서드를 사용하면 throwable 객체와 웹드라이버 객체를 인자로 받아 예외에 대한 동작을 추가할 수 있다.

EventFiringWebDriver에 등록한 EventListener 제거

지금까지 다양한 상황에서 발생하는 이벤트와 리스너 등록을 통해 이벤트 발생을 알리는 EventFiringWebDriver 클래스를 살펴봤다. 상황에 따라서는 특정 리스너의 Event FiringWebDriver의 이벤트 수신을 중지해야 하는데, 등록한 리스너를 찾아 제거하면 쉽게 해결할 수 있다. 아래 API는 드라이버에서 이벤트 리스너를 등록 해제한다.

```
public EventFiringWebDriver unregister(WebDriverEventListener eventListener)
```

위 메서드는 이벤트 수신을 중단할 이벤트 리스너를 인자로 받는다.

접근성 테스트 수행

구글 접근성 개발자 도구(https://github.com/GoogleChrome/accessibility-developer-tools) 같은 도구로 기본적인 접근성 여부를 확인할 수 있다. 웹 페이지에 구글 접근성 테스트 라이브러리를 주입해 afterNavigatTo()를 호출할 때마다 자동으로 접근성 검사를 수행할 수 있다. 다음 예제 코드는 구글 접근성 개발자 도구에서 제공하는 axe_testing.js 파일을 주입해 콘솔에 검사 결과를 출력한다.

```
public class IAmTheEventListener2 extends AbstractWebDriverEventListener {

    @Override
```

```
    public void beforeNavigateTo(String url, WebDriver driver) {
        System.out.println("Before Navigate To "+ url);
    }

    @Override
    public void beforeNavigateBack(WebDriver driver) {
        System.out.println("Before Navigate Back. Right now I'm at "
                + driver.getCurrentUrl());
    }

    @Override
    public void afterNavigateTo(String to, WebDriver driver) {
        try {
            JavascriptExecutor jsExecutor = (JavascriptExecutor) driver;
            URL url = new URL("https://raw.githubusercontent.com/
            GoogleChrome/" +
                    "accessibility-developertools/stable/dist/js/axs_testing.
                    js");
            String script = IOUtils.toString(url.openStream(),
            StandardCharsets.UTF_8);
            jsExecutor.executeScript(script);
            String report = (String) jsExecutor.executeScript("var results =
            axs.Audit.run();" +
                    "return axs.Audit.createReport(results);");
            System.out.println("### Accessibility Report for " + driver.
            getTitle() + "####");
            System.out.println(report);
            System.out.println("### END ####");
        } catch (MalformedURLException e) {
            e.printStackTrace();
        } catch (IOException e) {
            e.printStackTrace();
        }
    }
}
```

콘솔에 출력되는 검사 결과는 다음과 같다.

```
### Accessibility Report for Google####
*** Begin accessibility audit results ***
An accessibility audit found
Warnings: Warning: AX_FOCUS_01 (These elements are focusable but either
invisible or
obscured by another element) failed on the following element:
#hplogo > DIV > .fOwUFe > A
See
https://github.com/GoogleChrome/accessibility-developer-tools/wiki/Audit-Ru
les#-ax_focus_01--these-elements-are-focusable-but-either-invisible-or
obscured-by-another-element for more information.
Warning: AX_TEXT_02 (Images should have an alt attribute) failed on the
following element:
#hplogo > DIV > .fOwUFe > A > .fJOQGe
See https://github.com/GoogleChrome/accessibility-developer-tools/wiki/
Audit-Ru
les#-ax_text_02--images-should-have-an-alt-attribute-unless-they-have-an
aria-role-of-presentation for more information.
...
*** End accessibility audit results ***
### END ####
```

결과에는 접근성에 대한 일반적인 검사 규칙 모음이 포함돼 있다.

페이지 성능 지표 측정

클라이언트 측 성능 측정과 최적화는 매끄러운 사용자 경험의 핵심요소면서 AJAX를 사용하는 Web 2.0 애플리케이션에서 중대한 사항이기도 하다.

페이지 로드 시간, 엘리먼트 렌더링 시간, 자바스크립트 코드 실행시간 같은 중요 정보를 수집하여 성능 저하를 일으키는 부분이나 클라이언트 측 성능 최적화가 필요한 부분을 찾아낼 수 있다.

내비게이션 타이밍^{Navigation Timing}은 웹에서 성능을 측정하는 W3C 표준 자바스크립트 API다. API를 사용해 페이지 내비게이션과 로드 이벤트에 대한 정확하고 상세한 타이밍 통계를 간단하게 가져올 수 있다. IE9, 크롬, 파이어폭스, 웹킷 기반 브라우저에서 API를 사용할 수 있다.

자바스크립트의 `window.performance` 객체의 타이밍 인터페이스 속성을 통해 API에 접근할 수 있다. 페이지를 방문할 때마다 페이지 로드 시간을 측정해보자. 다음 예제처럼 IAmTheEventListener2.java 파일의 `afterNavigateTo()` 메서드에서 `JavaScriptxecutor`로 `winodw.performance`를 호출해 측정할 수 있다.

```java
@Override
public void afterNavigateTo(String to, WebDriver driver) {
    try {

        JavascriptExecutor jsExecutor = (JavascriptExecutor) driver;

        // 로드 이벤트가 끝난 시각
        long loadEventEnd = (Long) jsExecutor.executeScript("return window.
        performance.timing.loadEventEnd;");
        // 로드 이벤트를 시작한 시각
        long navigationStart = (Long) jsExecutor.executeScript("return window.
        performance.timing.navigationStart;");
        // 로드 이벤트의 끝 시각과 시작 시각의 차이를 구하면 페이지 로드 시간이 된다
        System.out.println("Page Load Time is " + (loadEventEnd
        navigationStart)/1000 + " seconds.");

    } catch (MalformedURLException e) {
        e.printStackTrace();
    } catch (IOException e) {
        e.printStackTrace();
    }
```

예제에서는 브라우저 윈도우 객체가 가진 `window.performance` 객체에서 제공하는 성능 지표를 사용한다. 지표를 가져오려면 자바스크립트를 이용해야 한다. `loadEventEnd` 시각과 `navigationEventStart` 시각 차이를 계산해 페이지 로드 타임을 가져온다.

▌ 요약

6장에선 EventFiringWebDriver와 EventListeners에 대해 배우고 이벤트를 사용한 테스트 케이스를 실행할 때 단계별로 진행되는 작업을 디버깅하면서 더 편리하게 개발하는 방법도 배웠다. 더불어 접근성이나 클라이언트 측 성능 확인 같은 다양한 테스트를 수행할 때 웹드라이버 이벤트를 사용하는 방법도 배웠다. 7장에서는 크로스 브라우저 테스트를 위한 분산 환경과 병렬 모드의 원격 장비에서 실행되는 테스트를 실행하는 RemoteWebDriver에 대해 살펴본다.

▌ 질문

1. 예, 아니요 – `WebDriverEventListener`로 웹드라이버 이벤트를 수신할 수 있는가?
2. `WebDriverEventListener`로 `sendKey` 메서드를 사용하기 전에 자동으로 입력 폼을 초기화하는 방법은?
3. 예, 아니요 – 셀레늄은 접근성 테스트를 지원하는가?

▌ 더 살펴보기

다음 링크에 6장에서 다룬 내용에 대한 더 자세한 정보가 있다.

- 내비게이션 타이밍 API에 대한 더 많은 내용을 https://www.w3.org/TR/navigation-timing/에서 볼 수 있다.
- 구글 접근성 개발자 도구에 대한 더 많은 내용을 https://github.com/GoogleChrome/accessibility-developer-tools에서 볼 수 있다.

리모트 웹드라이버 살펴보기

지금까지 예제를 통해 수많은 테스트 케이스를 만들고 다양한 브라우저에서 실행해봤다. 모든 예제는 테스트 스크립트가 있는 기기에 설치된 브라우저에서 이뤄졌는데, 테스트 환경이 항상 이렇게만 주어지는 건 아니다. 맥이나 리눅스에서 작성한 스크립트를 윈도 우 IE에서 실행해야 하는 경우도 있다. 7장에서 다루는 내용은 다음과 같다.

- 리모트 웹드라이버를 사용해 원격 기기에서 테스트 수행
- JSON 와이어 프로토콜에 대한 상세한 설명

▌ 리모트 웹드라이버 소개

리모트 웹드라이버^{RemoteWebDriver}는 웹드라이버 인터페이스의 구현체다. 테스트 작성자는 리모트 웹드라이버로 원격 기기의 셀레늄 단독 서버를 통해 테스트 스크립트를 실행할 수 있다. 리모트 웹드라이버는 서버와 클라이언트 두 가지로 구성된다. 시작하기 전에 우리가 앞서 했던 작업을 떠올려보자.

아래 그림이 우리가 했던 작업을 설명하고 있다.

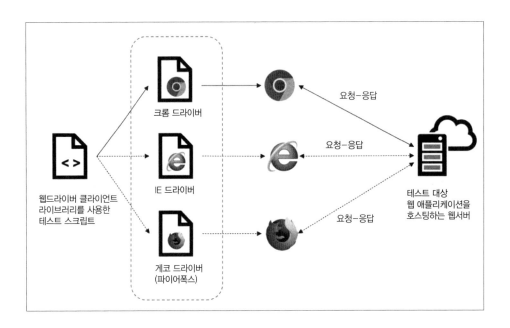

웹드라이버 클라이언트를 사용한 테스트 스크립트는 크롬 드라이버(혹은 IE 드라이버나 게 코 드라이버)와 크롬 브라우저(혹은 IE 브라우저나 파이어폭스 브라우저)가 모두 같은 기기에 있 어야 한다. 브라우저가 로딩하는 웹 애플리케이션은 원격지 혹은 같은 기기에 있으면 되 지만, 이 부분은 우리가 다루는 범주를 벗어난다. 다음과 같이 테스트 스크립트를 실행하 는 다른 시나리오를 살펴본다.

웹드라이버 클라이언트 라이브러리를
사용해 자바, 루비, 파이썬 등의
언어로 작성한 테스트 스크립트

원격지 기기의
다양한 브라우저

테스트 대상 웹 애플리케이션을
호스팅하는 웹서버

테스트 스크립트는 로컬 기기에 위치하고 브라우저는 원격 기기에 설치돼 있다. 이 경우
리모트 웹드라이버는 그림과 같다. 앞서 본 것처럼 리모트 웹드라이버는 서버와 클라이
언트로 구성된다.

리모트 웹드라이버 셀레늄 단독 서버에 대해 알아보자.

셀레늄 단독 서버

셀레늄 단독 서버는 리모트 웹드라이버 클라이언트로부터 다양한 요청을 받는다. 셀레
늄 단독 서버는 리모트 웹드라이버 클라이언트가 요청한 웹드라이버(크롬 드라이버, IE 드
라이버, 파이어폭스용 게코 드라이버를 비롯한 웹드라이버 중 하나)로 클라이언트의 요청을 전달
한다.

셀레늄 단독 서버 다운로드

셀레늄 단독 서버를 다운로드해 실행해보자. 서버는 https://www.selenium.dev/downloads/에서 다운로드할 수 있다. 가급적이면 웹드라이버 3.12.0 버전을 사용하는 버전을 다운로드하자. 서버 JAR는 테스트 대상 브라우저가 설치된 원격 기기에서 다운로드한다. 자바 런타임이 설치돼 있어야 한다.

서버 실행

원격 기기에서 커맨드 창을 열어 다운로드한 JAR 파일이 있는 위치로 이동한다. 다음 명령어로 셀레늄 단독 서버를 실행해보자.

```
java -jar selenium-server-standalone-3.12.0.jar
```

다음과 같은 결과 화면을 볼 수 있다.

서버가 실행되며 <원격-기기-IP>:4444에서 리모트 웹드라이버 클라이언트의 원격 접속을 기다린다. 앞서 'RemoteWebDriver 소개' 절에서 보았던 그림은 다시 아래와 같이 나타낼 수 있다.

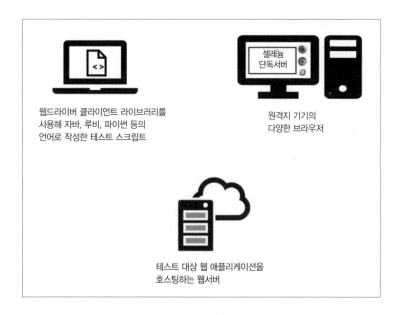

웹드라이버 클라이언트 라이브러리를
사용해 자바, 루비, 파이썬 등의
언어로 작성한 테스트 스크립트

원격지 기기의
다양한 브라우저

테스트 대상 웹 애플리케이션을
호스팅하는 웹서버

셀레늄 단독 서버는 그림에 나온 것처럼 원격 기기에서 테스트 스크립트와 브라우저 사이를 연결한다. 테스트 스크립트가 먼저 셀레늄 단독 서버에 접속하고 나면 테스트 스크립트 명령은 셀레늄 단독 서버를 통해 원격 기기에 설치된 브라우저로 전달된다.

리모트 웹드라이버 클라이언트

이제 구동 중인 셀레늄 단독 서버가 있으므로, 리모트 웹드라이버 클라이언트를 만들 차례다. 리모트 웹드라이버 클라이언트 생성에는 별다른 과정이 필요 없다. 클라이언트 라이브러리를 리모트 웹드라이버 클라이언트로 변경하기만 하면 된다. 리모트 웹드라이버는 테스트 스크립트 명령어를 JSON 페이로드로 바꿔 JSON 와이어 프로토콜을 사용해 셀레늄 단독 서버로 보낸다.

로컬 환경에서 테스트를 수행할 때 웹드라이버 클라이언트 라이브러리는 크롬 드라이버, IE 드라이버, 게코 드라이버 등의 드라이버와 직접 통신한다. 하지만 원격으로 테스트를 수행할 때 웹드라이버 클라이언트 라이브러리는 셀레늄 단독 서버와 통신하고, 서버는

DesiredCapabilities 클래스로 크롬 드라이버, IE 드라이버, 게코 드라이버 등 클라이언트가 선택한 드라이버와 통신한다. DesiredCapabilities 클래스는 다음 절에서 살펴본다.

리모트 웹드라이버 서버를 위한 테스트 스크립트 수정

로컬 환경에서 실행하던 테스트 스크립트 예제에서 시작해보자. 그동안 테스트 스크립트는 테스트 대상 브라우저와 물리적으로 같은 기기에 있었다.

```
@Before
Class public void setup() {

    System.setProperty("webdriver.chrome.driver",
            "./src/test/resources/drivers/chromedriver");
    driver = new ChromeDriver();

}
```

테스트 스크립트는 크롬 드라이버 인스턴스를 생성해 크롬 브라우저를 실행한다. 셀레늄 단독 서버를 사용하도록 테스트 스크립트를 수정하기 전에 리모트 웹드라이버의 생성자를 살펴보자.

```
RemoteWebDriver(java.net.URL remoteAddress, Capabilities
desiredCapabilities)
```

생성자의 인자는 셀레늄 단독 서버를 실행 중인 원격 기기의 주소(호스트 이름이나 IP)와 브라우저, 운영체제 이름 같은 테스트 실행에 필요한 환경 설정 값을 담은 Capabilities 인터페이스다.

이제 리모트 웹드라이버를 사용하도록 테스트 스크립트를 수정해보자. 위 코드에서 Web Driver driver = new ChromeDriver() 부분을 아래와 같이 수정한다.

```
@BeforeMethod
public void setup() throws MalformedURLException {

    DesiredCapabilities caps = new DesiredCapabilities();
    caps.setBrowserName("chrome");

    driver = new RemoteWebDriver(new URL("http://10.172.10.1:4444/wd/hub"),
    caps);
    driver.get("http://demo-store.seleniumacademy.com/");

}
```

리모트 웹드라이버 인스턴스를 만들어 셀레늄 단독 서버가 실행 중인 http://10.172.10.1:4444/wd/hub으로 접속을 시도한다. 접속하기 전에 DesiredCapabilities 인스턴스로 테스트 케이스를 실행할 브라우저를 지정해야 한다.

 예제에서는 IP 주소 10.172.10.1를 사용하고 있지만 예제를 실행하는 환경에 따라 IP 주소는 달라진다. 예제의 IP 주소를 셀레늄 단독 서버를 실행 중인 기기의 IP 주소로 변경해야 한다.

테스트를 실행하기 전 셀레늄 단독 서버가 크롬 드라이버를 사용하도록 재시작해야 한다.

```
java -jar -Dwebdriver.chrome.driver=chromedriver selenium-server-standalone-
3.12.0.jar
```

리모트 웹드라이버로 테스트를 실행하면 크롬 브라우저를 실행해 테스트를 수행한다. 수정한 테스트 케이스는 다음과 같다.

```
public class SearchTest {

    WebDriver driver;
```

```
@BeforeMethod
public void setup() throws MalformedURLException {

    DesiredCapabilities caps = new DesiredCapabilities();
    caps.setBrowserName("chrome");

    driver = new RemoteWebDriver(new
    URL("http://10.172.10.1:4444/wd/hub"), caps);
    driver.get("http://demo-store.seleniumacademy.com/");

}

@Test
public void searchProduct() {

    // 검색창을 찾아 검색어 입력
    WebElement searchBox = driver.findElement(By.name("q"));

    searchBox.sendKeys("Phones");

    WebElement searchButton =
            driver.findElement(By.className("search-button"));

    searchButton.click();

    assertThat(driver.getTitle())
            .isEqualTo("Search results for: 'Phones'");     }

@AfterMethod
public void tearDown() {
    driver.quit();
}
}
```

테스트 스크립트를 로컬 기기에서 실행하면 리모트 웹드라이버 클라이언트와 셀레늄 단
독 서버끼리 연결된다. 서버는 크롬 브라우저를 실행한다. 서버 콘솔에는 다음과 같은 결
과가 출력된다.

```
18:25:32.155 INFO [ActiveSessionFactory.apply] - Capabilities are: Capabilities {
browserName: chrome}
18:25:32.157 INFO [ActiveSessionFactory.lambda$apply$11] - Matched factory org.op
enqa.selenium.remote.server.ServicedSession$Factory (provider: org.openqa.seleniu
m.chrome.ChromeDriverService)
Starting ChromeDriver 2.38.552518 (183d19265345f54ce39cbb94cf81ba5f15905011) on p
ort 3315
Only local connections are allowed.
18:25:52.564 INFO [ProtocolHandshake.createSession] - Detected dialect: OSS
18:25:58.340 INFO [RemoteSession$Factory.lambda$performHandshake$0] - Started new
 session 3cb5c118e1a5b2bdd7bc568bf147beed (org.openqa.selenium.chrome.ChromeDrive
rService)
```

위 화면은 원하는 환경 설정 값으로 새로운 세션이 만들어진 모습을 보여준다. 세션을 맺
은 후에는 세션 ID가 콘솔에 출력된다. 언제든지 셀레늄 서버가 실행 중인 호스트나 IP
의 http://⟨호스트 이름 또는 IP⟩:4444/wd/hub 로 접속하면 셀레늄 단독 서버와 연결
된 모든 세션을 볼 수 있다.

 셀레늄 단독 서버는 4444 포트를 기본값으로 사용한다. 서버 실행 시 –port 옵션으로 기본
포트를 변경할 수 있다.

다음 그림과 같이 서버의 전체 세션 현황을 실시간으로 파악할 수 있다.

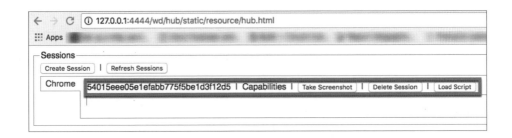

지금 보는 화면은 서버에 생성된 모든 세션을 확인할 수 있을 뿐 아니라 몇 가지 간단한
기능을 수행하는 포탈 역할도 한다. 세션 종료, 스크린샷 캡처, 테스트 스크립트 로딩, 세
션의 환경 설정 값 확인 등의 기능이 포함돼 있다. 다음 화면처럼 현재 세션의 디폴트 환

경 설정 값을 확인할 수 있다.

Capabilities 링크 위에 마우스 커서를 올리면 다음과 같은 팝업이 나타난다.

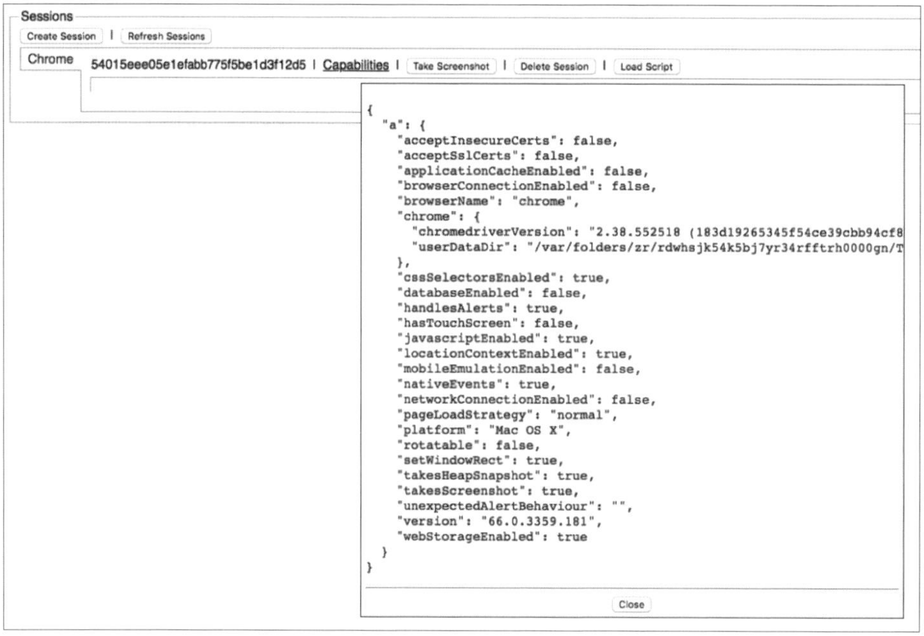

지금 보이는 환경 설정 값은 해당 세션의 서버가 임의로 설정한 디폴트 설정 값이다. 여기까지 왔으면, 리모트 웹드라이버 클라이언트 측의 테스트 스크립트를 통해 셀레늄 단독 원격 서버와 연결이 성공한 것이다. 원격으로 동작하는 테스트 스크립트의 모습을 아래 그림으로 나타낼 수 있다.

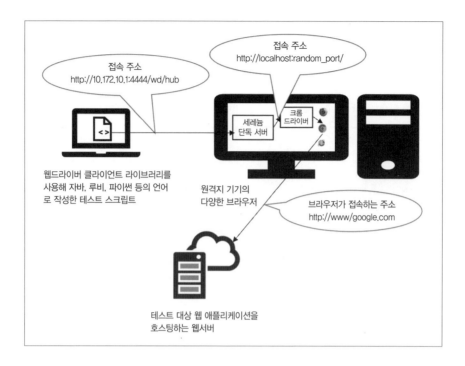

접속 주소
http://localhost:random_port/

접속 주소
http://10.172.10.1:4444/wd/hub

크롬
드라이버

세레늄
단독 서버

웹드라이버 클라이언트 라이브러리를
사용해 자바, 루비, 파이썬 등의 언어
로 작성한 테스트 스크립트

원격지 기기의
다양한 브라우저

브라우저가 접속하는 주소
http://www.google.com

테스트 대상 웹 애플리케이션을
호스팅하는 웹서버

리모트 웹드라이버를 통한 파이어폭스 사용법

게코 드라이버를 사용하는 점을 제외하면 파이어폭스 브라우저에서 테스트 스크립트를
실행하는 방법은 크롬 브라우저와 비슷하다.

사용 중인 테스트 스크립트 환경을 크롬 브라우저에서 **"firefox"**로 변경해보자.

```
@BeforeMethod
public void setup() throws MalformedURLException {

    DesiredCapabilities caps = new DesiredCapabilities();
    caps.setBrowserName("firefox");
    caps.setCapability("marionette", true);

    driver = new RemoteWebDriver(new URL("http://10.172.10.1:4444/wd/hub"),
    caps);
```

```
driver.get("http://demo-store.seleniumacademy.com/");

}
```

테스트를 실행하기 전 셀레늄 단독 서버가 게코 드라이버를 사용하도록 재시작해야 한다.

```
java -jar -Dwebdriver.chrome.driver=geckodriver selenium-serverstandalone-
3.12.0.jar
```

테스트 스크립트를 실행하면 파이어폭스 브라우저가 시작되며 테스트를 수행한다. 셀레늄 단독 서버에 접속되면 서버의 게코 드라이버를 통해 테스트 스크립트 명령을 실행한다.

리모트 웹드라이버를 통한 인터넷 익스플로러 사용법

인터넷 익스플로러 드라이버 테스트 수행은 앞서 보았던 크롬이나 파이어폭스 브라우저와 비슷하다.

크롬과 파이어폭스 브라우저 환경에서 "internet explorer"로 테스트 스크립트를 사용하도록 변경해보자.

```
@BeforeMethod
public void setup() throws MalformedURLException {

    DesiredCapabilities caps = new DesiredCapabilities();
    caps.setBrowserName("internet explorer");

    driver = new RemoteWebDriver(new URL("http://127.0.0.1:4444/wd/hub"),
    caps);
    driver.get("http://demo-store.seleniumacademy.com/");

}
```

테스트를 실행하기 전에 셀레늄 단독 서버가 인터넷 익스플로러 드라이버를 사용하도록 재시작해야 한다.

```
java -jar -Dwebdriver.ie.driver=InternetExplorerDriver.exe selenium-
serverstandalone-3.12.0.jar
```

테스트 스크립트를 실행하면 인터넷 익스플로러가 시작되며 테스트를 수행한다. 셀레늄 단독 서버에 접속되면 서버의 인터넷 익스플로러 드라이버를 통해 테스트 스크립트 명령을 실행한다.

▌ JSON 와이어 프로토콜

웹드라이버는 클라이언트 라이브러리나 브라우저 드라이버(크롬 드라이버, IE 드라이버, 게코 드라이버 등) 구현체와 통신할 때 JSON 와이어 프로토콜을 사용한다고 곳곳에서 언급했다. 이번 절에서는 JSON 와이어 프로토콜이 정확히 무엇인지 알아보고, 클라이언트가 드라이버 구현체와 통신하고자 구현해야 하는 JSON API 와의 차이점을 살펴보자.

자바스크립트 객체 표기법JSON은 복잡한 데이터 구조를 표현할 때 사용한다. 주로 웹에서 서버와 클라이언트의 데이터 교환 목적으로 사용하는데, XML의 대안으로 떠오르며 다양한 REST 웹 서비스에서 업계 표준이 됐다.

JSON 파일은 .json 파일로 저장되며 다음과 같은 구조로 이뤄져 있다.

```
{
    "firstname":"John",
    "lastname":"Doe",
    "address":{
        "streetnumber":"678",
        "street":"Victoria Street",
```

```
      "city":"Richmond",
      "state":"Victoria",
      "country":"Australia"
    } "phone":"+61470315430"
}
```

클라이언트는 위와 같은 JSON 형식으로 개인에 관한 정보를 서버로 보낼 수 있다. 서버는 전달받은 내용을 분석해 Person 객체 인스턴스로 만들어 적절하게 가공해 사용한다. 응답 역시 JSON 형식으로 클라이언트에 보냄으로써 클라이언트가 객체를 만드는 데 사용할 수 있다. 객체 데이터를 JSON 형식으로 변환하는 작업과 반대로 JSON 형식 데이터를 객체로 변환하는 작업을 각각 직렬화와 역직렬화라고 하며, 요즘 REST 웹 서비스에선 매우 흔하게 볼 수 있는 방식이다.

웹드라이버는 클라이언트 라이브러리나 (파이어폭스 드라이버, IE 드라이버, 크롬 드라이버 같은) 드라이버 간 통신에 JSON 와이어 프로토콜을 사용한다. 마찬가지로, 리모트 웹드라이버 클라이언트와 셀레늄 단독 서버 간 통신에도 JSON 와이어 프로토콜을 사용한다. 드라이버는 개발자가 스크립트 개발에만 집중할 수 있도록 구현부의 상세한 내용은 숨긴다. 웹페이지에서 수행할 수 있는 다양한 액션에 해당하는 API 목록은 다음과 같다.

```
/status /session /sessions /session/:sessionId /session/:sessionId/timeouts
/session/:sessionId/timeouts/async_script
/session/:sessionId/timeouts/implicit_wait
/session/:sessionId/window_handle /session/:sessionId/window_handles
/session/:sessionId/url /session/:sessionId/forward
/session/:sessionId/back /session/:sessionId/refresh
/session/:sessionId/execute /session/:sessionId/execute_async
/session/:sessionId/screenshot /session/:sessionId/ime/available_engines
/session/:sessionId/ime/active_engine
. . . . . .
/session/:sessionId/touch/flick /session/:sessionId/touch/flick
/session/:sessionId/location /session/:sessionId/local_storage
/session/:sessionId/local_storage/key/:key
```

```
/session/:sessionId/local_storage/size /session/:sessionId/session_storage
/session/:sessionId/session_storage/key/:key
/session/:sessionId/session_storage/size /session/:sessionId/log
/session/:sessionId/log/types /session/:sessionId/application_cache/status
```

전체 API 목록에 대한 내용은 https://github.com/SeleniumHQ/selenium/wiki/ JsonWireProtocol에서 확인할 수 있다. 클라이언트 라이브러리는 테스트 스크립트 명령어를 JSON 형식으로 변경해 웹드라이버 API로 요청을 보낸다. 웹드라이버는 요청을 분석해 웹페이지에서 필요한 액션을 수행한다. 구체적으로 예제를 살펴보자. 테스트 스크립트가 코드 `driver.get("http://www.google.com");`.를 포함한다고 가정해보자.

클라이언트 라이브러리는 (JSON 문서인) JSON 페이로드를 만들어 JSON으로 변환하고 알맞은 API로 요청을 보낸다. 예제의 `get(URL)`에 해당하는 API는 /session/: sessionId/url.이다.

아래 코드는 요청을 드라이버에 전달할 때 클라이언트 라이브러리 단에서 이뤄지는 요청의 처리 과정을 나타낸다. 요청은 10.172.10.1:4444에서 동작하고 있는 리모트 웹드라이버 서버로 전달된다.

```
HttpClient httpClient = new DefaultHttpClient();
HttpPost postMethod = new
HttpPost("http://10.172.10.1:4444/wd/hub/session/"+sessionId+"/url");
JSONObject jo=new JSONObject();
jo.put("url","http://www.google.com");
StringEntity input = new StringEntity(jo.toString());
input.setContentEncoding("UTF-8");
input.setContentEncoding(new BasicHeader(HTTP.CONTENT_TYPE, "application/
json"));
postMethod.setEntity(input);
HttpResponse response = httpClient.execute(postMethod);
```

셀레늄 단독 서버는 이러한 요청을 드라이버로 전달한다. 드라이버는 JSON 형식으로 전달받은 테스트 스크립트의 명령을 브라우저에서 로딩한 웹 애플리케이션을 대상으로 실행한다.

다음은 지금까지 설명한 데이터의 흐름을 단계별로 도식화해 나타낸다.

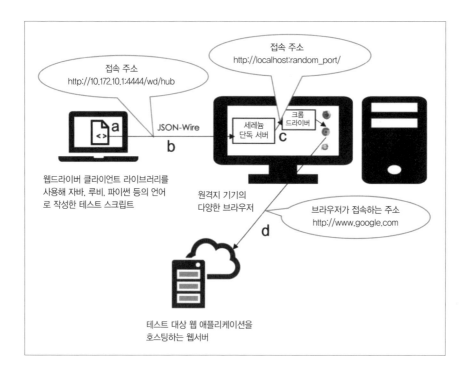

그림은 다음 단계들로 이루어져 있다.

- 첫 번째 과정은 테스트 스크립트와 클라이언트 라이브러리 간의 통신으로, 테스트 스크립트는 driver.get("http://www.google.com"); 구문으로 라이브러리에 드라이버의 get() 메서드를 호출하라는 명령과 데이터를 보낸다.
- 클라이언트 라이브러리는 명령을 전달받은 즉시 JSON 형식으로 바꿔 셀레늄 단독 서버와 통신한다.

- 셀레늄 단독 서버는 JSON 페이로드 요청을 크롬 드라이버로 전달한다.
- 크롬 드라이버는 네이티브 통신으로 크롬브라우저에 로딩해야 하는 URL에 대한 요청을 보낸다.

요약

7장에서는 리모트 웹드라이버에 대해 알아보고, 셀레늄 단독 서버와 리모트 웹드라이버 클라이언트를 사용해 원격으로 테스트 스크립트를 실행하는 방법을 살펴봤다. 리모트 웹드라이버를 통해 원격 기기에서 각기 다른 브라우저와 운영체제 조합으로 웹드라이버 테스트를 실행할 수 있다. 더불어 JSON 와이어 프로토콜에 대해 살펴본 후 클라이언트 라이브러리와 웹드라이버 사이에서 요청과 응답을 주고받는 방식에 대해서도 살펴봤다.

8장에서는 셀레늄 단독 서버를 확장하고 리모트 웹드라이버로 셀레늄 그리드를 만들어 크로스 브라우징과 분산 테스트를 수행하는 방법을 살펴본다.

질문

1. 예, 아니요: 셀레늄 테스트를 원격 기기에서 수행할 수 있는가?
2. 원격 기기에서 테스트를 수행할 때 사용하는 드라이버 클래스는 무엇인가?
3. DesiredCapabilities 클래스에 대해 설명하라.
4. 셀레늄 테스트와 셀레늄 단독 서버 사이에는 어떤 프로토콜을 사용하는가?
5. 셀레늄 단독 서버는 몇 번 포트를 기본 포트로 사용하는가?

▌ 더 살펴보기

다음 링크에 7장에서 다룬 내용에 대한 더 자세한 정보가 있다.

- 셀레늄 웹드라이버 W3C 사양에서 설명하는 웹드라이버 프로토콜과 모든 API
  목록: https://www.w3.org/TR/webdriver/

08

셀레늄 그리드

앞에서 리모트 웹드라이버의 동작 원리와 사용법을 알아봤다. 8장에서 다루는 내용은 다음과 같다.

- 셀레늄 그리드가 필요한 이유
- 셀레늄 그리드란?
- 셀레늄 그리드를 사용하는 방법
- 셀레늄 그리드를 사용한 테스트 케이스 작성
- 셀레늄 그리드 설정

▌ 셀레늄 그리드 알기

셀레늄 그리드가 필요한 경우의 예제를 통해 셀레늄 그리드를 사용해야 하는 이유를 알아보자. 다음과 같은 운영체제와 브라우저 조합으로 테스트해야 하는 웹 애플리케이션이 있다고 가정해보자.

- Windows 10에서 구글 크롬
- 맥OS에서 구글 크롬
- Windows 10에서 인터넷 익스플로러 11
- 리눅스에서 파이어폭스

간단하게는 각 조합(Windows 10, 맥OS, 리눅스)에 맞춰 셀레늄 단독 서버를 실행하고 7장에서 살펴본 테스트 스크립트를 예제처럼 수정하면 된다.

Windows 10:

```
DesiredCapabilities caps = new DesiredCapabilities();
caps.setBrowserName("chrome");
caps.setPlatform(Platform.WIN10);
WebDriver driver = new RemoteWebDriver(new
URL("http://<win_10_ip>:4444/wd/hub"), capabilities);
```

맥OS:

```
DesiredCapabilities caps = new DesiredCapabilities();
caps.setBrowserName("chrome");
caps.setPlatform(Platform.MAC);
WebDriver driver = new RemoteWebDriver(new
URL("http://<mac_os_ip>:4444/wd/hub"), capabilities);
```

리눅스:

```
DesiredCapabilities caps = new DesiredCapabilities();
caps.setBrowserName("chrome");
caps.setPlatform(Platform.LINUX);
WebDriver driver = new RemoteWebDriver(new
URL("http://<linux_ip>:4444/wd/hub"), capabilities);
```

예제에서는 테스트 스크립트가 대상 운영체제와 브라우저에 밀접하게 연관돼 있다. 테스트 대상 운영체제가 Windows 10에서 다른 운영체제로 변경된다면 테스트 스크립트도 함께 수정해야 하는데, 사실 바람직한 설계 방식은 아니다. 테스트 스크립트는 실행 환경에 대한 설정보다 웹 애플리케이션의 기능 검증에 집중해야 한다. 결국, 테스트 환경을 중앙에서 관리할 필요가 있으며 셀레늄 그리드가 이런 역할을 맡는다.

셀레늄 그리드는 각기 다른 플랫폼(윈도우, 맥, 리눅스 등)에서 크로스 브라우저 테스트를 실행하는 환경을 제공한다. 셀레늄 그리드는 보통 허브라고 부르는 중앙의 한 기기에서 관리한다. 허브는 보통 노드라 부르는 기기의 테스트 플랫폼에 대한 운영체제와 브라우저 버전 정보가 존재한다. 허브는 테스트 스크립트 요청이 들어오면 테스트에서 요청한 조건에 맞는 노드를 할당해 테스트를 수행한다. 셀레늄 그리드 구성을 그림으로 나타내면 다음과 같다.

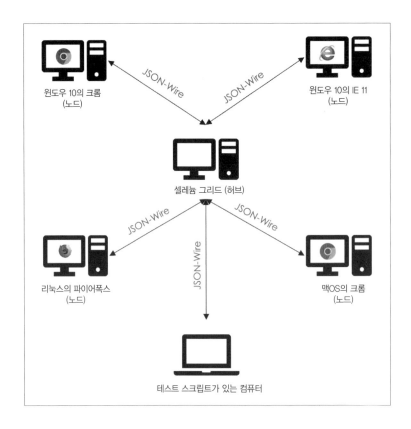

위 그림은 허브를 중심으로 각기 다른 플랫폼의 노드 네 개와 테스트 스크립트가 있는
PC로 구성돼 있다. 셀레늄 그리드 동작을 간단하게 설명하면, 테스트 스크립트는 허브와
통신하면서 테스트를 수행할 수 있는 플랫폼을 요청한다. 허브는 대상 플랫폼을 선택해
테스트 스크립트에 노드를 할당한다. 노드는 테스트를 수행한 후 허브에 결과를 보고하
며, 허브는 다시 테스트 스크립트가 있는 PC로 결과를 전달한다.

이론적으로 셀레늄 그리드가 동작하는 방법을 살펴봤다. 이제 허브와 노드의 동작을 살
펴보자. 다행스럽게도 셀레늄 그리드에선 7장에서 사용한 리모트 웹드라이버 서버를 그
대로 사용할 수 있다. 7장에서는 seleniumserver-standalone-3.12.0.jar 파일로 셀레
늄 단독 서버를 구동했는데, 같은 JAR 파일을 허브 역할을 하는 기기에서 허브 모드로 실
행하면 허브를 구동할 수 있다. 또한 같은 JAR 파일을 노드 역할을 하는 기기에 복사하고

노드 모드로 구동하면 노드가 시작된다. 아래 명령어를 실행해보자.

```
java -jar selenium-server-standalone-3.12.0.jar -help
```

명령어를 입력하면 다음과 같이 그리드 환경에서의 서버 사용법이 나타난다.

```
upgundecha@Unmeshs-iMac    ~/Downloads    java -jar selenium-server-standalone-3.12.0.
jar -help
Usage: <main class> [options]
  Options:
    --debug, -debug
      <Boolean> : enables LogLevel.FINE.
      Default: false
    --version, -version
      Displays the version and exits.
      Default: false
    -browserTimeout
      <Integer> in seconds : number of seconds a browser session is allowed to
      hang while a WebDriver command is running (example: driver.get(url)). If
      the timeout is reached while a WebDriver command is still processing,
      the session will quit. Minimum value is 60. An unspecified, zero, or
      negative value means wait indefinitely.
    -config
      <String> filename : JSON configuration file for the standalone server.
      Overrides default values
    -host
      <String> IP or hostname : usually determined automatically. Most
      commonly useful in exotic network configurations (e.g. network with VPN)
    -jettyThreads, -jettyMaxThreads
      <Integer> : max number of threads for Jetty. An unspecified, zero, or
      negative value means the Jetty default value (200) will be used.
    -log
      <String> filename : the filename to use for logging. If omitted, will
      log to STDOUT
    -port
      <Integer> : the port number the server will use.
    -role
      <String> options are [hub], [node], or [standalone].
    -timeout, -sessionTimeout
      <Integer> in seconds : Specifies the timeout before the server
      automatically kills a session that hasn't had any activity in the last X
      seconds. The test slot will then be released for another test to use.
      This is typically used to take care of client crashes. For grid hub/node
      roles. cleanUpCycle must also be set.
```

이제 리모트 웹드라이버로 동작하는 단독 서버 방식과 그리드 환경에서 동작하는 방식을 살펴보자. 8장에서는 JAR 파일로 셀레늄 그리드를 실행한다.

▌ 허브의 역할

허브는 셀레늄 그리드의 중심이다. 허브에는 허브에 접속해 그리드를 구성하는 전체 노드가 등록돼 있다. 허브는 4444 포트를 기본으로 사용하면서 허브 모드로 동작하는 셀레늄 단독 서버다. 테스트 스크립트는 리모트 웹드라이버에 접근하듯이 4444 포트를 통해 접속을 시도하고 허브는 테스트 스크립트 트래픽을 적절한 테스트 플랫폼 노드로 전달한다. 지금부터 허브를 시작하는 방법을 알아보자. 셀레늄 서버 JAR 파일이 위치한 폴더로 이동해 아래 명령어를 입력한다.

```
java -jar selenium-server-standalone-3.12.0.jar -role hub
```

이제 허브 모드로 서버가 동작한다. 서버는 기본적으로 4444 포트를 사용하지만, 포트 번호를 지정할 수도 있다. 1111 포트를 사용하려면 아래와 같이 명령어를 입력한다.

```
java -jar selenium-server-standalone-3.12.0.jar -role hub -port 1111
```

다음 그림은 1111 포트를 사용하는 그리드 허브의 콘솔 결과 화면이다.

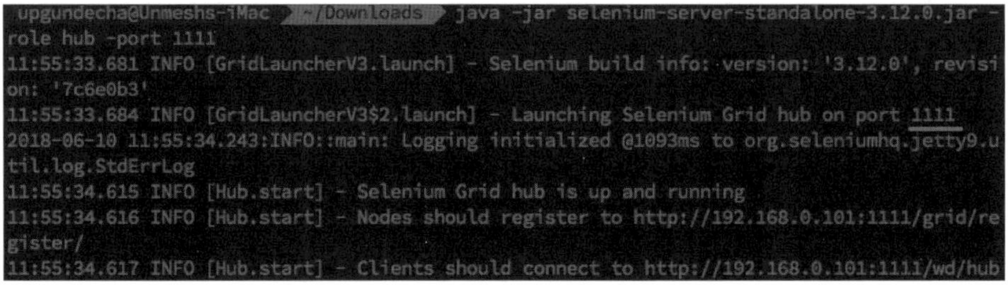

이제 모든 테스트 스크립트는 지정한 포트를 통해 연결된다. 브라우저에서 허브를 구동 중인 기기의 1111 포트로 접속해보자. 예제에서 허브의 IP는 192.168.0.101이다.

브라우저를 통해 보이는 화면은 다음과 같다.

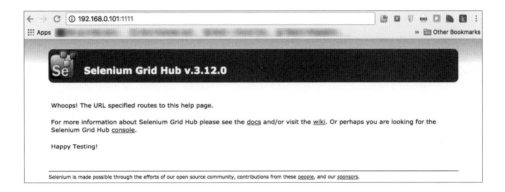

그리드 허브로 동작하는 서버의 버전도 확인할 수 있다. Console 링크를 클릭해 그리드 콘솔 화면으로 이동해보자.

지금 보이는 페이지에서 다양한 환경 설정 파라미터를 확인할 수 있다. 환경 설정 파라미터에 대한 내용은 다음 절 '셀레늄 그리드 설정'에서 자세히 다룬다. 지금까지 특정 포트에서 그리드를 시작하는 방법을 알아봤다.

▌ 노드의 역할

허브가 구동 중이므로 노드를 실행해 허브에 접속해보자. 크롬이 설치된 맥OS 기기를 설정하는 예제를 알아보자. 허브에 맥OS 플랫폼과 크롬 브라우저를 요청하는 테스트 스크립트가 있으면 허브는 예제의 노드를 선택한다. 이제 노드를 시작해보자. 노드를 시작하면서 곧바로 허브에 등록하는 명령어는 다음과 같다.

```
java -jar selenium-server-standalone-3.12.0.jar -role node -hub
http://192.168.0.101:1111/grid/register
```

셀레늄 서버는 노드 모드로 동작하면서 앞서 구동한 허브에 자신을 등록한다.

그리드 콘솔로 돌아오면 다음과 같은 화면을 볼 수 있다.

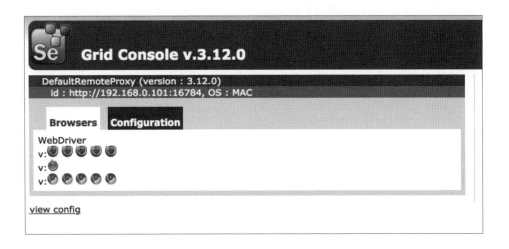

화면에서 노드의 URL이 http://192.168.0.101:16784이고, 예제는 현재 맥OS 플랫폼에서 구동 중임을 확인할 수 있다. 기본적으로 나타나는 브라우저의 개수는 모두 11개로 파이어폭스 5개, 크롬 5개, 사파리 1개로 구성돼 있다. browser 옵션을 사용하면 목록을 변경할 수도 있다. 이 내용은 '셀레늄 그리드 설정' 절에서 자세히 살펴보기로 한다.

맥OS 노드를 구동할 때 사용한 명령으로 윈도우 노드도 구동해 허브에 등록할 수 있다.

▌ 셀레늄 그리드를 위한 테스트 스크립트로 수정

지금까지는 로컬 기기나 셀레늄 단독 서버에서 동작하는 테스트 스크립트를 살펴봤다. 셀레늄 그리드에서는 플랫폼 설정을 상세하게 지정하는 부분만 제외하면 리모트 웹드라이버로 테스트 스크립트를 실행하는 방식과 크게 다르지 않다.

먼저, Remote WebDriver 서버를 사용하는 테스트 스크립트를 살펴보자.

```
public class SearchTest {

    WebDriver driver;
```

```java
@BeforeMethod
public void setup() throws MalformedURLException {

    DesiredCapabilities caps = new DesiredCapabilities();

    caps.setBrowserName("chrome");
    caps.setPlatform(Platform.MAC);

    driver = new RemoteWebDriver(new URL("http://192.168.0.101:1111/wd/
    hub"), caps);
    driver.get("http://demo-store.seleniumacademy.com/");

}

@Test
public void searchProduct() {

    // 검색창을 찾아 검색어 입력
    WebElement searchBox = driver.findElement(By.name("q"));

    searchBox.sendKeys("Phones");

    WebElement searchButton =
            driver.findElement(By.className("search-button"));

    searchButton.click();

    assertThat(driver.getTitle())
            .isEqualTo("Search results for: 'Phones'");
}

@AfterMethod
public void tearDown() {
    driver.quit();
}
}
```

테스트 스크립트를 실행하고 허브와 노드에서 출력되는 로그를 살펴보자. 허브의 로그는
다음과 같다.

```
12:21:19.197 INFO [ActiveSessionFactory.apply] - Capabilities are: Capabilities {browserName: chrome, platform: MA
C}
12:21:19.197 INFO [ActiveSessionFactory.lambda$apply$11] - Matched factory org.openqa.selenium.remote.server.Servi
cedSession$Factory (provider: org.openqa.selenium.chrome.ChromeDriverService)
Starting ChromeDriver 2.38.552518 (183d19265345f54ce39cbb94cf81ba5f15905011) on port 39474
Only local connections are allowed.
12:21:20.034 INFO [ProtocolHandshake.createSession] - Detected dialect: OSS
12:21:20.102 INFO [RemoteSession$Factory.lambda$performHandshake$0] - Started new session c9b6c5f5cf8f97312faadbed
f56bbb73 (org.openqa.selenium.chrome.ChromeDriverService)
12:21:25.202 INFO [ActiveSessions$1.onStop] - Removing session c9b6c5f5cf8f97312faadbedf56bbb73 (org.openqa.seleni
um.chrome.ChromeDriverService)
```

다음은 허브 측에서 일어나는 일련의 과정이다.

1. 허브는 platform=MAC, browserName=chrome 환경 값의 세션을 요청받는다.
2. capabilities 요청에 따라 사용 가능한 노드를 찾는다.
3. 사용할 수 있는 노드가 있다면 새로운 세션을 생성한다. 사용 가능한 노드가 없으면, 요청한 테스트 환경이 노드 목록에 없다는 메시지를 남기고 테스트 실행 요청을 거절한다.
4. 이전 단계에서 세션을 생성한 경우엔, 테스트용 슬롯 세션을 만들어 테스트 스크립트를 노드에 전달한다. 노드 측의 콘솔에서도 비슷한 결과를 확인할 수 있다.

```
12:21:19.181 INFO [RequestHandler.process] - Got a request to create a new session: Capabilities {browserName: chr
ome, platform: MAC}
12:21:19.182 INFO [TestSlot.getNewSession] - Trying to create a new session on test slot {server:CONFIG_UUID=4a2db
c4a-ae28-4398-897c-27ff56f71b99, seleniumProtocol=WebDriver, browserName=chrome, maxInstances=5, platformName=MAC,
 platform=MAC}
```

노드 호스트에서 일어나는 일련의 과정은 다음과 같다.

1. 노드 호스트는 요청받은 환경 조건으로 새로운 세션을 하나 생성하고 브라우저를 실행한다.
2. 해당 브라우저에서 테스트를 시작한다.
3. 세션을 끝내고 결과를 허브에 전달하면 허브가 이어서 테스트 스크립트로 결과를 전달한다.

미등록 환경에 대한 요청

허브는 등록되지 않은 테스트 환경을 요구하는 스크립트의 요청은 거절한다. 앞 예제 코드에서 크롬 대신 오페라 브라우저를 요청하도록 스크립트를 수정해보자. 테스트 스크립트는 다음과 같다.

```
@BeforeMethod
public void setup() throws MalformedURLException {

    DesiredCapabilities caps = new DesiredCapabilities();

    caps.setBrowserName("opera");
    caps.setPlatform(Platform.MAC);

    driver = new RemoteWebDriver(new URL("http://192.168.0.101:1111/wd/hub"),
    caps);
    driver.get("http://demo-store.seleniumacademy.com/");
}
```

허브는 필요한 조건에 맞는 노드를 찾는다. 테스트를 수행할 수 있는 노드를 발견하지 못하면, 그림과 같이 CapabilityNotPresentOnTheGridException 예외를 발생시키면서 테스트 스크립트의 요청을 거절한다.

노드가 작업 중일 때 요청 큐잉하기

하나의 노드에는 기본적으로 5개의 테스트 스크립트 수행을 요청할 수 있다. 테스트 수행 개수도 환경 설정에서 변경할 수 있는데, 우선은 모든 노드가 작업 중일 때 추가로 테스트를 요청하면 어떻게 되는지 살펴보자. 테스트 스크립트는 대기 상태에 들어가고, 허브는 테스트를 수행할 수 있는 노드를 찾을 때까지 등록된 노드의 상태를 확인한다. 허브는 같은 노드에 여섯 번째 세션이 접속되면 요청을 처리할 슬롯이 없다는 메시지를 콘솔에 표시한다. 한편 노드에서는 먼저 들어온 5개의 요청에 대한 세션을 만들고 테스트를 수행한다.

세션이 만들어지면 5개의 크롬 창이 열리면서 테스트가 진행된다. 처음 5개의 테스트 스크립트 요청이 끝나면 허브는 대기 중인 6번째 세션을 노드에 연결하고 6번째 테스트 요청을 처리한다.

조건에 맞는 노드가 두 개인 경우

동일한 조건의 노드가 두 개 등록된 상태에서 테스트를 요청받으면 처음에 등록한 노드를 사용한다. 첫 번째 노드가 사용 중이면 허브는 두 번째 노드에 테스트를 요청한다.

▌ 셀레늄 그리드 설정

셀레늄 그리드는 테스트 스크립트를 실행하는 동안 노드와 허브의 동작을 제어하는 다양한 설정 옵션을 제공한다. 지금부터는 이러한 환경 설정에 대해 알아본다.

노드 설정 파라미터

노드의 환경 설정 파라미터를 하나씩 알아보자.

지원 브라우저 설정

앞서 콘솔 UI 화면에서 봤듯이, 허브에 노드를 등록하면 현재 노드의 지원 여부와 상관없이 파이어폭스 브라우저 인스턴스 5개, 크롬 브라우저 인스턴스 5개, 인터넷 익스플로러 브라우저 인스턴스 1개가 기본적으로 나타난다. 셀레늄 그리드에서 제공하는 browser 옵션을 사용하면 원하는 브라우저만 생성하는 노드를 등록할 수 있다. 파이어폭스, 크롬, 사파리를 지원하는 노드를 만들어보자. 아래 명령어를 입력한다.

```
java -jar selenium-server-standalone-3.12.0.jar -role node -hub
http://192.168.0.1:1111/grid/register -browser browserName=firefox -browser
browserName=chrome -browser browserName=safari
```

그리드 콘솔의 모습은 다음과 같다.

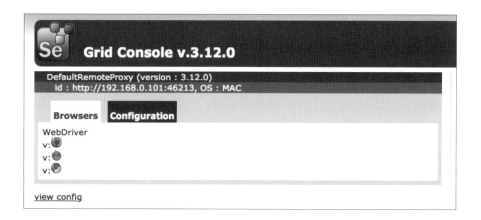

노드 타임아웃 설정

타임아웃 파라미터는 허브에 노드를 등록할 때 사용하는 옵션이다. 노드에서 아무런 반응이 없을 때 허브는 초 단위로 설정된 타임아웃 파라미터 값만큼 기다렸다가 테스트 스크립트 실행을 종료한다.

노드의 타임아웃을 설정하는 명령어는 다음과 같다.

```
java -jar selenium-server-standalone-3.12.0.jar -role node -hub
http://192.168.0.1:1111/grid/register -nodeTimeout 300
```

타임아웃이 300초인 노드를 하나 등록했다. 이제 허브는 300초가 지났을 때 노드에서 아무런 반응이 없으면 테스트 스크립트를 강제로 종료한다.

브라우저 인스턴스의 생성 제한 설정

앞 예제를 통해 한 개의 노드에 기본값인 11개의 브라우저 인스턴스를 등록하는 경우와 원하는 브라우저만 등록하는 방법을 살펴봤다. 이번에는 노드에서 브라우저 인스턴스의 개수를 제한하는 방법을 알아보자. 셀레늄 그리드는 maxInstances 파라미터로 노드에서 제공하는 브라우저별 인스턴스 개수를 지정할 수 있다. 명령어는 다음과 같다.

```
java -jar selenium-server-standalone-3.12.0.jar -role node -hub
http://192.168.0.1:1111/grid/register -browser "browserName=firefox,max
Instances=3" -browser "browserName=chrome,maxInstances=3" -browser
"browserName=safari,maxInstances=1"
```

위 명령어를 통해 최대 3개의 파이어폭스 인스턴스, 최대 3개의 크롬 인스턴스, 최대 1개의 사파리 인스턴스를 제공하는 노드가 등록된다.

노드의 자동 등록

노드 등록을 마친 허브가 다운되거나 재시작하면, 허브는 이전에 등록했던 모든 노드의 정보가 초기화된 후 구동된다. 노드 정보를 복구하려면 노드를 하나씩 다시 등록해야 하는 번거로운 작업이 필요하다. 더 큰 문제는 허브가 재시작했다는 사실을 모르고 테스트를 실행하면 모든 테스트가 실패해버린다. 이런 상황에 대비해 셀레늄 그리드는 일정 시간마다 자동으로 노드를 허브에 등록하는 노드 설정 옵션을 제공한다. 값을 지정하지 않으면 기본값은 5초로 설정된다. 5초마다 노드를 재등록하기 때문에 허브가 다운되거나 재시작돼도 걱정할 필요가 없다.

registerCycle 파라미터로 등록 주기를 변경할 수 있다. 명령어는 다음과 같다.

```
java -jar selenium-server-standalone-3.12.0.jar -role node -hub
http://192.168.0.1:1111/grid/register -registerCycle 10000
```

노드의 로그 콘솔에서 다음과 같은 결과를 확인할 수 있다.

```
17:47:01.231 INFO - starting auto register thread. Will try to register
every 10000 ms.
17:47:01.232 INFO - Registering the node to hub :http://192.168.0.1:1111/
grid/register
```

노드는 1,000 밀리초마다 허브에 등록을 시도한다.

노드의 상태 체크

nodePolling 설정 파라미터로 허브가 일정 주기마다 노드의 상태를 확인하도록 설정할 수 있다. 노드 구동 시 값을 설정하면 각 노드별로 상태 확인 주기를 다르게 설정할 수 있다. 아래 명령어를 입력해 설정할 수 있다.

```
java -jar selenium-server-standalone-3.12.0.jar -role node -hub
http://192.168.0.1:1111/grid/register -nodePolling 10
```

이제 허브는 10초마다 해당 노드의 상태를 확인한다.

노드의 등록 해제

nodePolling 설정을 통해 주기적으로 노드 상태를 확인하는 과정에서 예상치 못한 결과가 나오면 unregisterIfStillDownAfter 옵션에 따라 허브는 등록된 노드를 해제한다. 예를 들어, 노드가 다운되고 허브가 상태 확인을 시도하면 허브는 노드에 접속할 수 없다. 이때, 허브는 unregisterIfStillDownAfter에 설정된 시간 동안 상태 확인을 재시도한다. 설정된 시간이 지나면 허브는 노드를 등록 해제한다.

명령어는 다음과 같다.

```
java -jar selenium-server-standalone-3.12.0.jar -role node -hub
http://192.168.0.1:1111/grid/register -nodePolling 5
unregistIfStillDownAfter 20000
```

허브는 5초마다 노드의 상태를 확인한다. 노드가 다운돼도 20초 동안은 상태 확인을 계속하며 허브가 4번 확인하는 동안 노드가 다운돼 있으면 허브는 그리드에서 노드를 해제한다.

브라우저 타임아웃 설정

브라우저 타임아웃은 테스트 스크립트 세션이 끝날 때까지 기다리는 시간으로, 브라우저가 멈췄는지 판단하는 기준 시간이다. 설정한 시간이 넘어가면, 노드는 브라우저가 멈춘 것으로 판단해 세션을 끊고 대기하던 다음 테스트 스크립트를 시작한다. 설정 파라미터는 browserTimeout으로 아래와 같이 사용한다.

```
java -jar selenium-server-standalone-3.12.0.jar -role node -hub
http://192.168.0.1:1111/grid/register -browserTimeout 60
```

지금까지 노드에서 설정할 수 있는 몇 가지 환경 설정 파라미터를 알아봤다. 다양한 파라미터를 사용해 셀레늄 그리드의 환경 설정으로는 다룰 수 없는 세부적인 제어를 할 수 있다.

허브 설정 파라미터

이번에는 허브 측에서 제어할 수 있는 몇 가지 환경 설정 파라미터를 알아본다.

테스트 환경이 준비될 때까지 대기하기

앞서 확인했듯이, 허브는 테스트 스크립트에서 필요한 테스트 플랫폼을 요청할 때 요청에 맞는 노드가 없으면 테스트 요청을 거절한다.

throwOnCapabilityNotPresent 파라미터로 적절한 노드가 없는 경우의 동작을 설정할 수 있다. 기본값은 true로 설정돼 있는데, 허브는 테스트 수행에 적합한 노드가 없으면 요청을 거절한다. false로 설정하면 요청을 큐에 넣고 요청에 맞는 노드가 그리드에 추가될 때까지 기다린다. 이렇게 설정하는 명령어는 다음과 같다.

```
java -jar selenium-server-standalone-3.12.0.jar -role hub -port 1111
throwOnCapabilityNotPresent false
```

이제 허브는 테스트 요청을 거절하지 않고 대기열에 넣었다가 필요한 플랫폼이 추가될 때까지 기다린다.

CapabilityMatcher 사용자 정의

허브는 org.openqa.grid.internal.utils.DefaultCapabilityMatcher 클래스를 사용해 요청에 맞는 노드를 찾는다. DefaultCapabilityMatcher 클래스의 로직 구현이 마음에 들지 않으면 DefaultCapabilityMatcher 클래스를 상속해서 원하는 로직으로 변경할 수 있다.

원하는 로직의 클래스를 만든 다음엔, 허브를 시작할 때 capabilityMatcher 옵션으로 노드를 찾을 때 사용하는 클래스를 지정할 수 있다. 사용법은 다음과 같다.

```
java -jar selenium-server-standalone-3.12.0.jar -role hub -port 1111
capabilityMatcher com.yourcomp.CustomCapabilityMatcher
```

이제 허브는 CustomCapabilityMatcher 클래스에 정의한 로직으로 테스트 스크립트 요청을 할당할 노드를 찾는다.

새로운 세션을 만들 때 사용하는 WaitTimeout

요청에 맞는 노드가 다른 테스트를 수행 중이라면 나중에 들어간 스크립트는 사용 가능한 노드가 생길 때까지 기다린다. 기본적으로는 대기에 대한 타임아웃이 없어 테스트는 노드를 무기한으로 기다린다. 셀레늄 그리드는 정해진 시간 안에 노드를 할당받지 못하면 테스트 스크립트에서 예외를 발생시키도록 설정할 수 있다. 설정 파라미터 newSessionWaitTimeout으로 제한시간을 설정한다. 사용법은 다음과 같다.

```
java -jar selenium-server-standalone-3.12.0.jar -role hub -port 1111
newSessionWaitTimeout 120000
```

이제 테스트 스크립트는 노드가 사용 중이면 2분 동안 기다렸다가 테스트를 실행할 노드를 가져오지 못했다는 예외를 발생시킨다.

셀레늄 그리드 환경을 설정하는 다른 방법

셀레늄 그리드 허브와 노드의 환경 설정 파라미터를 지정하는 방법에는 두 가지가 있다. 첫 번째는 앞선 예제처럼 실행 시 환경 설정 파라미터를 사용하는 방법이고, 다른 하나는 설정 값을 모두 담고 있는 JSON 파일로 환경 설정을 대신하는 것이다.

노드의 환경 설정 파일(nodeConfig.json)은 일반적인 JSON 파일이며, 다음과 같은 환경 설정 파라미터로 구성돼 있다.

```json
{
  "class": "org.openqa.grid.common.RegistrationRequest",
  "capabilities": [
   {
   "seleniumProtocol": "WebDriver",
   "browserName": "internet explorer",
   "version": "10",
   "maxInstances": 1,
   "platform" : "WINDOWS"
   }
  ],
  "configuration": {
   "port": 5555,
   "register": true,
   "host": "192.168.1.102",
   "proxy": "org.openqa.grid.selenium.proxy.DefaultRemoteProxy",
   "maxSession": 2,
   "hubHost": "192.168.1.100",
   "role": "webdriver",
   "registerCycle": 5000,
   "hub": "http://192.168.1.101:111/grid/register",
   "hubPort": 1111,
   "remoteHost": "http://192.168.1.102:5555"
  }
}
```

환경 설정 파일을 준비했으면, 아래 명령어를 사용해 노드와 허브에 적용할 수 있다.

```
java -jar selenium-server-standalone-3.12.0.jar -role node -nodeConfig
nodeconfig.json
```

이렇게 허브와 노드가 사용하는 JSON 파일을 명시하면 된다.

▎클라우드 기반 셀레늄 그리드에서 크로스 브라우저 테스트

크로스 브라우저 테스트를 위한 셀레늄 그리드를 설정하려면 실제 장비나 가상 장비에 운영체제와 브라우저를 설치해야 한다. 여기에는 하드웨어, 소프트웨어, 테스트 환경 운영에 대한 지원이 필요하다. 또한 인프라를 최신 버전으로 패치하고 업데이트하는 작업도 필요하다. 누구나 이런 비용과 노력을 감당할 만한 여유는 없다.

크로스 브라우저 테스트 환경을 설정하는 데 투자하는 대신 크로스 브라우저 테스팅을 제공하는 서드파티 클라우드 업체에 손쉽게 가상 테스트 환경을 아웃소싱할 수 있다. Sauce Labs와 BrowserStack은 클라우드 기반의 크로스 브라우저 테스트 클라우드 서비스를 제공하는 선도기업이다. 두 업체 모두 모바일과 태블릿을 포함하는 400개 이상의 다양한 브라우저와 운영체제 환경을 지원하고, 클라우드 환경의 셀레늄 웹드라이버 테스트를 지원한다.

이제 Sauce Labs 클라우드에서 테스트를 실행해보자. BrowserStack을 사용하는 절차도 크게 다르지 않다.

Sauce Labs에서 테스트를 실행하려면 우선 Sauce Labs 무료 계정이 필요하다. https://saucelabs.com/에서 Sauce Labs에 가입하고 사용자 아이디와 액세스 키를 받는다. Sauce Labs에서는 테스트를 클라우드에서 실행하는 데 필요한 하드웨어와 소프트웨어 인프라를 제공한다. My Account 페이지에서 Sauce Labs에 로그인 후 대시보드에서 액세스 키를 받을 수 있다.

Access Key

c6e7132c-ae27-4217-b6fa·

Generate a new access key

Sauce Labs 클라우드에서 새로운 테스트를 만들어 실행해보자. 사용자 아이디와 액세스 키를 테스트에 추가하고 기존 셀레늄 그리드 주소를 Sauce Labs 그리드 주소로 변경해야 한다. 예제 코드는 다음과 같다.

```java
public class BmiCalculatorTest {

    WebDriver driver;

    @BeforeMethod
    public void setUp() throws Exception {

        String SAUCE_USER = "upgundecha";
        String SAUCE_KEY = "5768f2a9-33be-4ebd-9a5f-3826d7c38ec9";

        DesiredCapabilities caps = new DesiredCapabilities();
        caps.setCapability("platform", "OS X 10.9");
        caps.setCapability("browserName", "Safari");
        caps.setCapability("name", "BMI Calculator Test");
        driver = new RemoteWebDriver(
                new URL(MessageFormat.format("http://{0}:{1}@ondemand.
                saucelabs.com:80/wd/hub'" ,
            SAUCE_USER, SAUCE_KEY)), caps);
        driver.get("http://cookbook.seleniumacademy.com/bmicalculator.html");

    }

    @Test
    public void testBmiCalc() {
        WebElement height = driver.findElement(By.name("heightCMS"));
        height.sendKeys("181");
```

```
        WebElement weight = driver.findElement(By.name("weightKg"));
        weight.sendKeys("80");

        WebElement calculateButton = driver.findElement(By.id("Calculate"));
        calculateButton.click();

        WebElement bmi = driver.findElement(By.name("bmi"));
        assertEquals(bmi.getAttribute("value"), "24.4");

        WebElement bmi_category = driver.findElement(By.name("bmi_category"));
        assertEquals(bmi_category.getAttribute("value"), "Normal");
    }

    @AfterMethod
    public void tearDown() throws Exception {
        driver.quit();
    }
}
```

테스트를 실행하면 Sauce Labs 허브에 접속해서 필요한 운영체제와 브라우저 설정을 요청한다. Sauce Labs 클라우드 관리 소프트웨어는 테스트 환경에 맞는 가상 장비를 자동으로 할당한다. 대시보드에서 그림과 같은 상태를 볼 수 있다.

세션에 들어가보면 실행하는 동안 무슨 일이 일어나는지 상세하게 볼 수 있다. 스크린샷과 같이 여러 개의 탭에서 셀레늄 명령, 스크린샷, 로그, 실행 동영상을 보여준다.

셀레늄 상세보기 창

또한 Sauce Connect 도구를 사용하면 보안을 위해 내부에서만 운영하는 서버의 애플리케이션을 테스트할 수도 있다. Sauce Connect는 테스트를 실행하면 내부 장비와 Sauce 클라우드 사이에 보안 연결을 생성한다.

▌ 요약

8장에서는 셀레늄 그리드가 무엇인지 알아보고 허브와 노드가 동작하는 방식을 살펴봤다. 핵심적인 내용은 셀레늄 그리드를 설정해 환경과 인프라를 더 효과적으로 통제하는 방법이다. 셀레늄 그리드는 운영체제와 브라우저 조합으로 다양한 환경에서의 애플리케이션 크로스 브라우저 테스트를 가능하게 한다. 더불어 Sauce Labs 같은 클라우드 서비스를 통해 원격 클라우드 환경에서 테스트하는 방법도 살펴봤다.

9장에서는 PageObject 패턴으로 재사용 가능하고 모듈화된 테스트 작성법을 살펴본다.

▌ 질문

1. 노드에서 특정 브라우저의 인스턴스 개수를 지정하는 파라미터는 무엇인가?
2. 셀레늄 그리드가 크로스 브라우저 테스트를 지원하는 방법을 설명하시오.
3. 리모트 웹드라이버로 셀레늄 그리드에서 테스트를 실행할 때 지정해야 하는 URL은 무엇인가?
4. 예, 아니요: 셀레늄 그리드 허브는 로드밸런서로 동작한다.

▌ 더 살펴보기

다음 링크에 8장에서 다룬 내용에 대한 더 자세한 정보가 있다.

* 셀레늄 그리드에 대한 더 자세한 내용: https://www.selenium.dev/documentation/grid/

09

페이지 객체 패턴

지금까지 다양한 웹드라이버 API를 살펴보고, API를 사용해 다양한 액션으로 웹 애플리케이션을 테스트하는 방법을 배웠다. API를 사용해 다양한 테스트를 작성하고 지속적으로 애플리케이션을 검증했다. 하지만 테스트가 늘어날수록 테스트는 복잡해지고 코드 양도 증가하므로 스크립트와 코드 유지보수는 큰 숙제가 된다. 테스트를 확장하고 커버리지를 높이려면 테스트 코드를 모듈화해 유지보수와 재사용이 쉽도록 설계해야 한다. 9장에서는 페이지 객체 패턴으로 유지보수성 높은 테스트 스위트를 작성하는 방법을 살펴본다. 9장에서 다루는 내용은 다음과 같다.

- 페이지 객체 설계 패턴이란?
- 페이지 객체 설계의 모범 사례
- 페이지 객체 패턴 확장
- 실전 예제

테스트 대상 웹 애플리케이션이 변하지 않는 한, 만들어둔 테스트 스크립트는 꾸준히 동작한다. 하지만 웹 애플리케이션의 페이지가 변경될 때 테스트 스크립트 백여 곳을 고쳐야 하는 상황에 처하면 안 될 것이다. 9장에서는 워드프레스 블로그 대상 예제를 통해 이런 상황을 개선할 방법을 살펴본다. 준비물로 워드프레스 블로그(http://wordpress.com/about)를 만들거나 기존 블로그가 있어야 한다.

■ 워드프레스 블로그를 대상으로 테스트 케이스 만들기

워드프레스 블로그 http://demo-blog.seleniumacademy.com/wp/를 대상으로 한다. 페이지 객체 패턴을 살펴보기 전에 3개의 테스트 케이스를 만들어보자.

테스트 케이스 1: 새로운 글 등록

아래 테스트 스크립트는 워드프레스 블로그 관리자 포털에 로그인해 새로운 글을 등록한다.

```
@Test
public void testAddNewPost() {
    WebElement email = driver.findElement(By.id("user_login"));
    WebElement pwd = driver.findElement(By.id("user_pass"));
    WebElement submit = driver.findElement(By.id("wp-submit"));
    email.sendKeys("admin");
    pwd.sendKeys("$$SUU3$$N#");
    submit.click();

    // 모든 글 페이지로 이동
    driver.get("http://demo-blog.seleniumacademy.com/wp/wp-admin/edit.php");

    // 새 글 추가
    addNewPost = driver.findElement(By.linkText("Add New"));
```

```
        addNewPost.click();

        // 새 글 내용 추가
        WebElement title = driver.findElement(By.id("title"));
        title.click();
        title.sendKeys("My First Post");

        driver.switchTo().frame("content_ifr");
        WebElement postBody = driver.findElement(By.id("tinymce"));
        postBody.sendKeys("This is description");
        driver.switchTo().defaultContent();

        // 글 발행
        WebElement publish = driver.findElement(By.id("publish"));
        publish.click();
    }
```

예제는 다음 순서로 실행된다.

1. 워드프레스 관리자 포털에 로그인
2. **모든 글**^{All Posts} 페이지로 이동
3. **새로 추가**^{Add New} 버튼 클릭
4. 새 글에 제목과 내용을 입력한다.
5. 작성한 글을 발행한다.

테스트 케이스 2: 글 지우기

다음 테스트 스크립트는 워드프레스 블로그에 로그인해 기존 글을 삭제한다.

```
    @Test
    public void testDeleteAPost() {
        WebElement email = driver.findElement(By.id("user_login"));
        WebElement pwd = driver.findElement(By.id("user_pass"));
```

```
        WebElement submit = driver.findElement(By.id("wp-submit"));
        email.sendKeys("admin");
        pwd.sendKeys("$$SUU3$$N#");
        submit.click();

        // 모든 글 페이지로 이동
        driver.get("http://demo-blog.seleniumacademy.com/wp/wpadmin/edit.php");

        // 삭제할 글 클릭
        WebElement post = driver.findElement(By.linkText("My First Post"));
        post.click();

        // 게시글 삭제
        WebElement publish = driver.findElement(By.linkText("Move to Trash"));
        publish.click();
    }
```

게시글을 삭제하는 테스트 스크립트는 다음 과정으로 이뤄진다.

1. 워드프레스 관리자 포털에 로그인
2. **모든 글**[All Posts] 페이지로 이동
3. 삭제할 글을 클릭한다.
4. 게시글을 삭제한다.

테스트 케이스 3: 워드프레스 블로그의 글 개수 세기

다음 테스트 스크립트는 워드프레스 블로그의 모든 글 개수를 센다.

```
    @Test
    public void testPostCount() {
        WebElement email = driver.findElement(By.id("user_login"));
        WebElement pwd = driver.findElement(By.id("user_pass"));
        WebElement submit = driver.findElement(By.id("wp-submit"));
        email.sendKeys("admin");
```

```
pwd.sendKeys("$$SUU3$$N#");
submit.click();

// 글 개수 세기
driver.get("http://demo-blog.seleniumacademy.com/wp/wpadmin/edit.php");
WebElement postsContainer = driver.findElement(By.id("the-list"));
List postsList = postsContainer.findElements(By.tagName("tr"));

Assert.assertEquals(postsList.size(), 1);
}
```

블로그의 글 개수를 세는 테스트 스크립트의 동작 과정은 다음과 같다.

1. 워드프레스 관리자 포털에 로그인

2. **모든 글**^{All Posts} 페이지로 이동

3. 글 개수를 센다.

지금까지 살펴본 테스트 스크립트는 워드프레스 블로그에 로그인해 새 글을 등록, 글 삭제, 글 개수 세기 같은 액션을 수행한다. 만약 로그인 페이지 엘리먼트의 ID가 변경돼 방금 만든 3개의 테스트 스크립트를 수정하는 상황을 생각해보자. 또는 모든 글(All Posts) 페이지가 변경돼 여기에 맞게 테스트 스크립트를 모두 수정하는 상황도 함께 생각해보자. 테스트 케이스가 3개가 아니라 50개라면, 대상 애플리케이션이 변경될 때마다 테스트 스크립트를 수정하기 매우 어려워진다. 이러한 이유로 테스트 프레임워크는 테스트 케이스를 수정할 때 드는 노력을 최소화할 수 있도록 설계해야 한다. 페이지 객체 패턴은 테스트 프레임워크 설계에 적용할 수 있는 디자인 패턴이다.

▌페이지 객체 패턴

웹 애플리케이션 테스트 자동화 프레임워크 설계에서 변치 않는 사실은, 테스트 대상 애플리케이션과 엘리먼트의 변경 가능성이 높다는 점이다. 좋은 프레임워크라면 최소한의

리팩터링으로 변경에 대응할 수 있어야 한다. 지금부터는 앞서 살펴본 테스트 시나리오를 페이지 객체 패턴 모델로 만들어본다. 로그인 페이지에 해당하는 페이지 객체 설계부터 시작해보자. 아래 예제 코드가 지금 설명한 설계 패턴을 적용한 코드다.

```java
public class AdminLoginPage {
    WebDriver driver;
    WebElement email;
    WebElement password;
    WebElement submit;

    public AdminLoginPage(WebDriver driver) {
        this.driver = driver;
        driver.get("http://demo-blog.seleniumacademy.com/wp/wp-admin");
        email = driver.findElement(By.id("user_login"));
        password = driver.findElement(By.id("user_pass"));
        submit = driver.findElement(By.id("wp-submit"));
    }

    public void login() {
        email.sendKeys("admin");
        password.sendKeys("$$SUU3$$N#");
        submit.click();
    }
}
```

로그인 과정에 필요한 모든 엘리먼트는 AdminLoginPage 클래스에 모여 있다. login() 메서드는 로그인 관련 엘리먼트에 값을 채우고 로그인 폼을 제출한다. 결국 워드프레스 관리자 로그인 페이지의 엘리먼트는 AdminLoginPageobject 클래스의 멤버 변수가 되고, 페이지에서 가능한 모든 동작은 메서드가 된다. 새롭게 만든 페이지 객체를 사용해 기존의 테스트 스크립트를 리팩터링해보자. 아래에 있는 TestAddNewPost 테스트 스크립트를 살펴보자.

```
@Test
public void testAddNewPost() {
    AdminLoginPage admLoginPage = new AdminLoginPage(driver);
    admLoginPage.login();
    // 모든 글 페이지로 이동
    driver.get("http://demo-blog.seleniumacademy.com/wp/wpadmin/edit.php");
    WebElement addNewPost = driver.findElement(By.linkText("Add New"));
        addNewPost.click();
    // 새 글 추가
    driver.switchTo().frame("content_ifr");
    WebElement postBody = driver.findElement(By.id("tinymce"));
    postBody.sendKeys("This is description");
    driver.switchTo().defaultContent();
    WebElement title = driver.findElement(By.id("title"));
    title.click();
    title.sendKeys("My First Post");
    WebElement publish = driver.findElement(By.id("publish"));
    publish.click();
}
```

위 테스트 케이스의 경우, 관리자 페이지에 로그인하는 내용을 아래 두 줄로 간단하게 해결할 수 있다.

```
AdminLoginPage admLoginPage = new AdminLoginPage(driver);
admLoginPage.login();
```

관리자 로그인 페이지로 이동해 엘리먼트를 찾아 값을 채운 후 로그인 버튼을 누르는 모든 과정이 페이지 객체를 통해 이뤄진다. 이제부터는 관리자 페이지가 변경되더라도 테스트 케이스를 수정하지 않아도 되며 페이지 객체만 수정하면 된다. 페이지 객체를 사용하는 모든 테스트 케이스에는 변경된 내용이 적용된다.

페이지 객체가 어떻게 동작하는지 살펴보았다. 이제 셀레늄 라이브러리에서 페이지 객체를 쉽게 구현하도록 제공하는 기능을 살펴보자.

@FindBy 어노테이션

페이지 객체에서는 엘리먼트를 @FindBy 어노테이션으로 나타낸다. 웹드라이버는 어노테이션 값으로 페이지의 엘리먼트를 찾는다. @FindBy 어노테이션은 여러 가지 지정 방식(Id, Name, Class Name 등)을 입력값으로 사용한다.

@FindBy 어노테이션의 사용법에는 두 가지가 있다.

첫 번째 사용법은 다음과 같다.

```
@FindBy(id="user_login")
WebElement userId;
```

두 번째는 다음과 같다.

```
@FindBy(how=How.ID, using="user_login")
WebElement userId;
```

두 가지 방법 모두 ID가 user_login인 엘리먼트를 찾아 userId 웹엘리먼트에 할당한다. 두 번째 방법에선 How를 열거형 상수로 사용했는데, 이렇게 하면 By 클래스에서 지원하는 다양한 지정자를 사용할 수 있다. How 열거형 상수로 사용할 수 있는 값은 다음과 같다.

- CLASS_NAME
- CSS
- ID

- ID_OR_NAME
- LINK_TEXT
- NAME
- PARTIAL_LINK_TEXT
- TAG_NAME
- XPATH

@FindBy 어노테이션으로 AdminLoginPage 클래스를 수정한 코드는 다음과 같다.

```java
public class AdminLoginPage {

    WebDriver driver;
    @FindBy(id="user_login")
    WebElement email;
    @FindBy(id="user_pass")
    WebElement password;
    @FindBy(id="wp-submit")
    WebElement submit;
    public AdminLoginPage(WebDriver driver){
        this.driver = driver;
        driver.get("http://demo-blog.seleniumacademy.com/wp/wp-admin");
    }
    public void login(){
        email.sendKeys("pageobjectpattern@gmail.com");
        password.sendKeys("webdriver123");
        submit.click();
    }
}
```

테스트 케이스에서 AdminLoginPage 클래스 인스턴스를 만들면 다음과 같은 생성자 코드로 워드프레스 로그인 페이지로 이동한다.

```
driver.get("http://demo-blog.seleniumacademy.com/wp/wp-admin");
```

드라이버에서 해당 페이지를 열면, @FindBy 어노테이션을 사용한 모든 웹 엘리먼트 (email, password, submit)는 웹드라이버가 어노테이션에서 지정한 방식으로 초기화한다.

PageFactory의 활용

PageFactory 클래스는 웹드라이버 라이브러리의 페이지 객체 클래스 중 하나다. FindBy 어노테이션을 클래스 엘리먼트로 선언하고, PageFactory 클래스의 정적 메서드인 init Elements로 PageObject 페이지 객체 스턴스를 만들 수 있다. API 문법은 다음과 같다.

```
initElements(WebDriver driver, java.lang.Class PageObjectClass)
```

PageFactory 클래스를 사용해 AdminLoginPage를 생성하는 방법은 다음과 같다.

```
public class TestAddNewPostUsingPageObjects {
    public static void main(String... args){
        AdminLoginPage loginPage= PageFactory.initElements(driver,
        AdminLoginPage.class);
        loginPage.login();
    }
}
```

PageFactory 클래스는 driver 인스턴스를 전달받아 AdminLoginPage 클래스 인스턴스를 만든다. AdminLoginPage 페이지 객체는 driver 인스턴스를 사용해 해당 URL(demo-blog.seleniumacademy.com/wp/wp-admin/)로 이동한 후, FindBy 어노테이션으로 지정한 엘리먼트에 값을 채워 넣는다.

▌ 페이지 객체 설계를 위한 고려 사항

지금까지 간단한 페이지 객체 구현체의 모습을 살펴봤다. 이번 절에선 실제 테스트 프레임워크 위에서 움직이는 페이지 객체의 올바른 사용법을 알아보자.

서비스 제공자 관점에서 웹 페이지 바라보기

높은 레벨에서 웹 애플리케이션을 바라보면 하나의 페이지는 다양한 사용자 서비스를 모아놓은 모양새다. 예를 들어, 워드프레스 관리자 콘솔의 **모든 글**^{All Posts} 페이지를 보면 관리자 페이지는 다음 화면에서 확인할 수 있듯이 여러 부분으로 구성돼 있다.

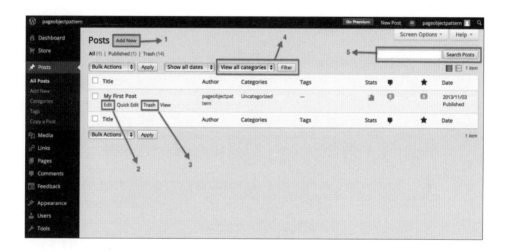

스크린샷과 같은 **전체 글**^{All Posts} 페이지에서 사용자는 다음 5가지 기능을 사용할 수 있다.

- 새 글 추가
- 글 수정
- 글 삭제
- 카테고리별 보기
- 전체 글 검색

위에 나열한 기능은 전체 글 페이지에서 사용자에게 제공하는 서비스다. 페이지 객체는 테스트 케이스에서 사용할 수 있도록 이 기능을 모두 지원해야 한다. 전체 글 페이지의 페이지 객체 코드는 다음과 같다.

```java
public class AllPostsPage {

    WebDriver driver;
    @FindBy(id = "the-list")
    WebElement postsContainer;

    @FindBy(id = "post-search-input")
    WebElement searchPosts;

    @FindBy(id = "cat")
    WebElement viewByCategories;

    public AllPostsPage(WebDriver driver) {
        this.driver = driver; driver.get("http://demo-blog.seleniumacademy.
        com/wp/wp-admin/edit.php");
    }

    public void createANewPost(String title, String description) {
    }

    public void editAPost(String title) {
    }

    public void deleteAPost(String postTitle) {
    }

    public void filterPostsByCategory(String category) {
    }

    public void searchInPosts(String searchText) {
    }
}
```

위에서 정리한 웹 페이지의 기능을 모두 메서드로 정의했다. 테스트 케이스에서 해당 서비스를 실행하려면 페이지 객체를 사용해 원하는 테스트를 수행할 수 있다.

부가 서비스 제공

웹 페이지에는 사용자에게 제공할 목적으로 그 모습이 확연하게 드러나는 기능이 있는 반면, 눈에는 보이지 않지만 암묵적으로 제공하는 서비스도 있다. 전체 글 페이지에는 앞서 살펴봤듯이 5가지 기능이 있는데, 이런 기능 외에도 전체 게시글의 수를 요구하는 시나리오도 테스트 케이스에 있을 수 있다. 이때도 전체 글 페이지를 통해 필요한 정보를 얻어야 하므로 페이지 객체가 필요한 기능을 제공해야 한다. 암묵적으로 제공하는 기능을 고려해서 페이지 객체를 확장한 모습은 다음과 같다.

```
public class AllPostsPage {

    WebDriver driver;
    @FindBy(id = "the-list")
    WebElement postsContainer;

    @FindBy(id = "post-search-input")
    WebElement searchPosts;

    @FindBy(id = "cat")
    WebElement viewByCategories;

    public AllPostsPage(WebDriver driver) {
        this.driver = driver; driver.get("http://demo-blog.seleniumacademy.
        com/wp/wp-admin/edit.php");
    }

    public void createANewPost(String title, String description) {
    }

    public void editAPost(String title) {
    }
```

```
    public void deleteAPost(String postTitle) {
    }

    public void filterPostsByCategory(String category) {
    }

    public void searchInPosts(String searchText) {
    }

    public int getAllPostsCount(){
    }
}
```

테스트 케이스는 기존 페이지 객체를 사용한다. 전체 글 페이지에서 암묵적으로 제공하는 기능도 테스트에 사용할 수 있다.

페이지 객체에서 또 다른 페이지 객체의 사용

하나의 페이지 객체 안에서 다른 페이지 객체를 사용해야 하는 경우가 있을 수 있다. 전체 글 페이지를 예로 들면, **새로 추가**^{Add New} 버튼을 클릭해서 새로운 글을 등록할 때 브라우저는 다른 페이지로 이동하는데, 이때 Add New 페이지와 전체 글 페이지에 대한 각기 다른 페이지 객체를 만들어야 한다. 테스트 대상 애플리케이션의 동작을 기준으로 페이지 객체를 설계하면 명확성과 독립성을 유지할 수 있다. 다양한 방법으로 Add New 페이지에 접근할 수 있기 때문에 Add New 페이지용 페이지 객체를 만들어 필요한 곳에서 사용하면 객체 지향 기반으로 기능 추가와 유지보수가 쉬운 테스트 프레임워크를 만들 수 있다. 페이지 객체 안에 다른 페이지 객체가 들어 있는 예제를 살펴보자.

AddNewPost 페이지 객체

AddNewPost 페이지 객체는 새로운 글을 아래와 같이 등록한다.

```
public class AddNewPostPage {

    WebDriver driver;

    @FindBy(id = "content_ifr")
    WebElement newPostContentFrame;

    @FindBy(id = "tinymce")
    WebElement newPostContentBody;

    @FindBy(id = "title")
    WebElement newPostTitle;

    @FindBy(id = "publish")
    WebElement newPostPublish;

    public AddNewPostPage(WebDriver driver) {
        this.driver = driver;
    }

    public void addNewPost(String title, String descContent) {
        newPostTitle.click();
        newPostTitle.sendKeys(title);
        driver.switchTo().frame(newPostContentFrame);
        newPostContentBody.sendKeys(descContent);
        driver.switchTo().defaultContent();
        newPostPublish.click();
    }
}
```

AllPostsPage 페이지 객체

AllPostsPage 페이지 객체 클래스는 아래와 같이 전체 글 페이지를 처리한다.

```
public class AllPostsPage {

    WebDriver driver;
```

```java
@FindBy(id = "the-list")
WebElement postsContainer;

@FindBy(id = "post-search-input")
WebElement searchPosts;

@FindBy(id = "cat")
WebElement viewByCategories;

@FindBy(linkText = "Add New")
WebElement addNewPost;

public AllPostsPage(WebDriver driver) {
    this.driver = driver;
    driver.get("http://demo-blog.seleniumacademy.com/wp/wp-admin/edit.
    php");
}

public void createANewPost(String title, String description) {
    addNewPost.click();
    AddNewPostPage newPost = PageFactory.initElements(driver,
            AddNewPostPage.class);
    newPost.addNewPost(title, description);
}

public void editAPost(String title) {
}

public void deleteAPost(String title) {
}

public void filterPostsByCategory(String category) {
}

public void searchInPosts(String searchText) {
}

public int getAllPostsCount() {
}
}
```

AllPostsPage 페이지 객체 클래스의 createNewPost() 메서드로 AddNewPage 페이지 객체 인스턴스를 만들었다. 이렇게 하나의 페이지 객체에서 다른 페이지 객체를 사용해 애플리케이션의 기능에 가깝게 만들 수 있다.

사용자 액션이 아닌 서비스로 접근하는 메서드 활용법

간혹 페이지 객체에 어떤 메서드를 만들어야 하는지 헷갈리는 경우가 있을 수 있다. 앞선 예제에서 페이지 객체는 사용자 서비스[User Service]를 메서드로 갖고 있다. 하지만 사용자 액션[User Action]을 메서드로 만든 페이지 객체를 가진 테스트 프레임워크도 자주 볼 수 있다. 사용자 서비스와 사용자 액션이 어떻게 다른지 궁금할 수 있는데, 지금까지 예제로 사용한 워드프레스 관리자 콘솔의 사용자 서비스는 다음과 같다.

- 새 글 추가
- 글 삭제
- 글 수정
- 전체 글에서 검색하기
- 글 필터링
- 전체 게시글의 수

위에 나열한 서비스 항목은 대상 애플리케이션의 다양한 기능을 의미한다. 이번엔 사용자 액션의 예를 살펴보자.

- 마우스 클릭
- 텍스트박스에 글 입력
- 페이지 이동
- 체크박스 선택
- 드롭다운 메뉴에서 옵션 선택

위 목록은 대부분의 애플리케이션에서 일반적인 페이지의 사용자 액션 예제를 보여준다. 예제에서 페이지 객체는 지금 본 사용자 액션이 아닌 사용자 서비스를 제공한다. 각 메서드는 사용자에게 제공하는 웹 페이지의 서비스와 상관관계가 있다. 사용자 서비스로 구성하려면, 페이지 객체의 메서드는 다양한 사용자 액션을 포함해야 한다.

 보통 사용자 액션 여러 개가 모여 하나의 사용자 서비스를 구성한다.

다음 예제는 페이지 객체의 메서드를 사용자 액션으로 채웠다. **AddNewPage** 페이지 객체의 모습을 살펴보자.

```java
public class AddNewPost {

    WebDriver driver;

    @FindBy(id = "content_ifr")
    WebElement newPostContentFrame;

    @FindBy(id = "tinymce")
    WebElement newPostContentBody;

    @FindBy(id = "title")
    WebElement newPostTitle;

    @FindBy(id = "publish")
    WebElement newPostPublish;

    public AddNewPost(WebDriver driver) {
        this.driver = driver;
        System.out.println(driver.getCurrentUrl());
    }
    public void typeTextinTitle(String title) {
        newPostTitle.sendKeys(title);
    }
```

```
        public void clickPublishButton() {
            newPostPublish.click();
        }

        public void typeTextinContent(String descContent) {
            driver.switchTo().frame(newPostContentFrame);
            newPostContentBody.sendKeys(descContent);
        }
    }
```

AddNewPage 페이지 객체 코드에는 사용자 액션을 수행하는 메서드가 3개 있다. 이제 페이지 객체를 호출하는 다른 객체에서는 addNewPage(String title, String description) 메서드 대신 아래 메서드를 사용해 동작을 수행한다.

```
typeTextinTitle(String title)
typeTextinContent(String description)
clickPublishButton()
```

위 사용자 액션은 글을 게시하는 데 필요한 액션을 나열한 것이다. 사용자 액션을 호출할 때, clickPublishButton() 메서드가 항상 스크립트 마지막에 와야 하듯 메서드 호출 순서도 함께 맞춰 호출해야 한다. 메서드 순서를 맞추는 작업은 테스트 케이스나 새 글을 등록하는 다른 페이지 객체를 쓸데없이 복잡하게 만든다. 따라서, 사용자 서비스를 사용하면 페이지 객체 사용자에게 상세한 구현 사항을 숨기고 테스트 케이스 유지보수 비용을 줄일 수 있다.

초기화 이후의 웹엘리먼트 식별

지금까지 살펴본 페이지 객체에서는 객체를 인스턴스화할 때 @FindBy 어노테이션으로 엘리먼트를 초기화했다. 사용자 서비스를 만드는 데 필요한 페이지의 모든 엘리먼트를 찾아 페이지 객체의 멤버 변수에 할당하는 방법은 좋은 방법이긴 하나 항상 가능하지는 않다. 예를 들어, 전체 글 페이지에서 특정 글을 수정하는 경우 페이지 객체 초기화 과정에서 모든 게시글을 멤버 변수에 할당할 필요는 없다. 게시글이 많을수록 페이지 객체 초기화 과정에서 사용하지도 않을 멤버 변수 할당에 시간을 낭비하게 된다. 게다가 전체 글 페이지의 글에 할당할 변수가 몇 개나 필요한지도 알 수 없는 일이다. 다음은 전체 글 페이지의 일부 HTML 내용이다.

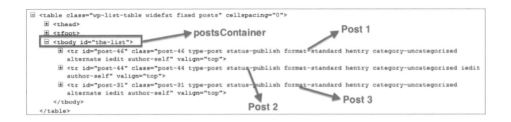

워드프레스 블로그의 모든 글을 갖고 있는 루트 엘리먼트는 the-list로 식별할 수 있다. 루트 엘리먼트에서 첫 번째 게시글(Post 1)과 두 번째 게시글(Post 2), 세 번째 게시글(Post 3)을 확인할 수 있다. 앞서 언급했듯이, 페이지 객체 초기화 과정에서 세 개의 글 모두를 멤버 변수로 할당하는 것이 최선은 아니다. 페이지 객체 초기화 과정에서는 루트 엘리먼트를 멤버 변수에 할당하고 원하는 게시글은 필요할 때 가져와 사용할 수 있다.

아래처럼 EditPost() 메서드를 구현한 AllPostsPage 페이지 객체를 살펴보자.

```java
public void editAPost(String presentTitle,
                      String newTitle, String description){
    List<WebElement> allPosts
          = postsContainer.findElements(By.className("rowtitle"));
    for(WebElement ele : allPosts){
        if(ele.getText().equals(presentTitle)){
            Actions builder = new Actions(driver);
            builder.moveToElement(ele);
            builder.click(driver.findElement(
                  By.cssSelector(".edit>a")));
            // 동작을 복합 액션으로 생성
```

```
            Action compositeAction = builder.build();
            // 복합 액션 수행
            compositeAction.perform();
            break;
        }
    }
    EditPost editPost
            = PageFactory.initElements(driver, EditPost.class);
    editPost.editPost(newTitle, description);
}
```

위 코드에선 the-list로 루트 엘리먼트만 식별하고 있다. 루트 엘리먼트는 전체 글 페이지의 모든 글을 포함하고 AllPostsPage 페이지 객체의 pageContainer 멤버 변수에 할당돼 있다. editAPost() 메서드에서 필요할 때 수정할 글을 가져올 수 있다. 이렇게 하면 필요한 모든 엘리먼트를 할당하면서도 짧은 시간 안에 페이지 객체를 초기화할 수 있다.

페이지에 특화된 부분 분리

페이지 객체 패턴의 궁극적인 목적은 엘리먼트 ID, 특정 페이지로 이동하는 방법 같은 페이지 전용 기능을 테스트 스크립트에서 분리해 별도로 관리하는 데 있다. 페이지 객체 패턴으로 테스트 프레임워크를 구성하면 페이지 구현이 바뀔 때마다 테스트 스크립트를 그대로 유지할 수 있다. 최종적으로 로그인 페이지 같은 웹 페이지가 변경되더라도 테스트 스크립트에서 사용하는 페이지 객체 하나만 수정하면 해당 페이지 객체를 사용하는 테스트 스크립트가 수십 개라도 별도의 수정이 필요 없다.

Loadable 컴포넌트

Loadable 컴포넌트는 페이지 객체 패턴의 확장으로, 웹드라이버 라이브러리에 포함된 LoadableComponent 클래스는 웹페이지나 컴포넌트를 정상적으로 로드했는지 확인해준다. LoadableComponent 클래스를 사용하면 테스트 코드 디버깅도 매우 쉬워진다. 페이지 객체를 loadable 컴포넌트로 만들려면 LoadableComponent 추상 클래스를 상속하고 다음 두 개의 메서드를 구현하면 된다.

```
protected abstract void load()
protected abstract void isLoaded() throws java.lang.Error
```

load() 메서드로 웹페이지나 컴포넌트를 로드했으면, isLoaded() 메서드로 로딩 완료를 판단한다. 로딩이 완전히 끝나지 않았으면 에러를 던진다.

AdminLoginPage 페이지 객체를 수정해 LoadableComponent 클래스를 상속받도록 한다. 아래 예제 코드를 살펴보자.

```java
public class AdminLoginPageUsingLoadableComponent extends
LoadableComponent<AdminLoginPageUsingLoadableComponent> {

    WebDriver driver;

    @FindBy(id = "user_login")
    WebElement email;

    @FindBy(id = "user_pass")
    WebElement password;

    @FindBy(id = "wp-submit")
    WebElement submit;

    public AdminLoginPageUsingLoadableComponent(WebDriver driver) {
        this.driver = driver;
        PageFactory.initElements(driver, this);
    }

    public AllPostsPage login(String username, String pwd) {
        email.sendKeys(username);
        password.sendKeys(pwd);
```

```
        submit.click();
        return PageFactory.initElements(driver, AllPostsPage.class);
    }

    @Override
    protected void load() {
        driver.get("http://demo-blog.seleniumacademy.com/wp/wp-admin");
    }

    @Override
    protected void isLoaded() throws Error {
        Assert.assertTrue(driver.getCurrentUrl().contains("wp-admin"));
    }
}
```

load() 메서드에 웹페이지의 URL이 명시돼 있고, isLoaded() 메서드에서 페이지와 컴
포넌트가 제대로 로드됐는지 확인한다. 테스트 스크립트에서 해야 할 일은 다음과 같다.

```
AdminLoginPageUsingLoadableComponent loginPage = new
AdminLoginPageUsingLoadableComponent(driver).get();
```

LoadableComponent 클래스의 get() 메서드는 isLoaded()를 호출해 컴포넌트 로딩을
다시 한번 확인한다.

▌ 워드프레스 테스트 실습

페이지 객체가 무엇인지 알았으므로, 이제는 워드프레스 관리자 콘솔과 상호작용하는 종
단 간 테스트 예제를 살펴볼 차례다. 먼저 예제에서 사용하는 페이지 객체를 살펴보고 이
어서 테스트 케이스를 살펴보자.

테스트에 사용하는 페이지 객체 설명

워드프레스 관리자 콘솔 테스트에 필요한 페이지 객체를 지금부터 하나씩 살펴보자.

AdminLoginPage

AdminLoginPage 페이지 객체는 로그인 페이지를 담당한다. 워드프레스 로그인 페이지가 변경되면 여기서도 적절한 수정이 필요하다.

```
package com.packt.webdriver.chapter9.pageObjects;
import org.openqa.selenium.WebDriver;
public class AdminLoginPage {

    WebDriver driver;

    @FindBy(id = "user_login")
    WebElement email;

    @FindBy(id = "user_pass")
    WebElement password;

    @FindBy(id = "wp-submit")
    WebElement submit;

    public AdminLoginPage(WebDriver driver) {
        this.driver = driver;
        driver.get("http://demo-blog.seleniumacademy.com/wp/wp-admin");
    }

    public AllPostsPage login(String username, String pwd) {
        email.sendKeys(username);
        password.sendKeys(pwd);
        submit.click();
        return PageFactory.initElements(driver, AllPostsPage.class);
    }
}
```

AdminLoginPage 페이지 객체의 생성자는 웹드라이버 인스턴스를 인자로 받는다. 이 결과, 페이지 객체를 공유하듯이 테스트 스크립트 전반에 걸쳐 같은 드라이버 인스턴스를 공유하면서 브라우저와 애플리케이션의 상태를 유지할 수 있다. 모든 페이지 객체에서도 비슷한 생성자를 볼 수 있다. 생성자 이외에도 AdminLoginPage는 login(String username, String pwd) 서비스를 제공하는데, 테스트 스크립트에선 워드프레스 블로그에 로그인해 AllPostsPage 페이지 객체를 가져온다. PageFactory 페이지 객체에선 AllPostsPage의 웹엘리먼트를 모두 초기화한 AllPostsPage 페이지 객체의 인스턴스를 반환한다. 따라서 테스트 스크립트에서는 로그인 서비스에 관한 내부 구현을 모르더라도 AllPostsPage 페이지 객체로 테스트를 수행할 수 있다.

AllPostsPage

아래 AllPostsPage 페이지 객체는 전체 글 웹페이지를 담당한다.

```java
public class AllPostsPage {

    WebDriver driver;

    @FindBy(id = "the-list")
    WebElement postsContainer;

    @FindBy(id = "post-search-input")
    WebElement searchPosts;

    @FindBy(id = "cat")
    WebElement viewByCategories;

    @FindBy(linkText = "Add New")
    WebElement addNewPost;

    public AllPostsPage(WebDriver driver) {
        this.driver = driver; driver.get("http://demo-blog.seleniumacademy.
        com/wp/wp-admin/edit.php");
    }
```

```java
public void createANewPost(String title, String description) {
    addNewPost.click();
    AddNewPostPage newPost = PageFactory.initElements(driver,
            AddNewPostPage.class);
    newPost.addNewPost(title, description);
}

public void editAPost(String presentTitle,
                      String newTitle, String description) {
    goToParticularPostPage(presentTitle);
    EditPostPage editPost = PageFactory.initElements(driver,
            EditPostPage.class);
    editPost.editPost(newTitle, description);
}

public void deleteAPost(String title) {
    goToParticularPostPage(title);
    DeletePostPage deletePost =
            PageFactory.initElements(driver, DeletePostPage.class);
    deletePost.delete();
}

public void filterPostsByCategory(String category) {
}

public void searchInPosts(String searchText) {
}

public int getAllPostsCount() {
    List<WebElement> postsList = postsContainer.findElements(
    By.tagName("tr"));
    return postsList.size();
}

private void goToParticularPostPage(String title) {
    List<WebElement> allPosts =
            postsContainer.findElements(By.className("title"));
    for (WebElement ele : allPosts) {
```

```
            if (ele.getText().equals(title)) {
                Actions builder = new Actions(driver);
                builder.moveToElement(ele);
                builder.click(driver.findElement(
                        By.cssSelector(".edit>a")));
                // 동작을 복합 액션으로 생성
                Action compositeAction = builder.build();
                // 복합 액션 수행
                compositeAction.perform();
                break;
            }
        }
    }
}
```

AllPostsPage PageOjbect는 다음 6개의 서비스를 제공한다.

- 새 글 작성
- 글 편집
- 글 삭제
- 카테고리별 보기
- 게시글 검색
- 전체 게시글 세기

AdminLoginPage 페이지 객체에서 제공하는 로그인 서비스를 통해 가져온 AllPostsPage 페이지 객체 인스턴스는 테스트 스크립트에서 6가지 서비스 테스트에 모두 사용할 수 있다. 특정 게시글로 이동하는 방법이나 웹엘리먼트 ID가 바뀌더라도 테스트 스크립트에서 신경 쓸 부분은 없다. 워드프레스 블로그에서 변경된 사항을 페이지 객체만 수정해 반영하면 된다.

AddNewPostPage

AddNewPostPage 페이지 객체는 블로그의 새 글 등록과 관련된 내용을 다룬다.

```java
package com.example;

import org.openqa.selenium.WebDriver;
import org.openqa.selenium.WebElement;
import org.openqa.selenium.support.FindBy;

public class AddNewPostPage {

    WebDriver driver;

    @FindBy(id = "content_ifr")
    WebElement newPostContentFrame;

    @FindBy(id = "tinymce")
    WebElement newPostContentBody;

    @FindBy(id = "title")
    WebElement newPostTitle;

    @FindBy(id = "publish")
    WebElement newPostPublish;

    public AddNewPostPage(WebDriver driver) {
        this.driver = driver;
    }

    public void addNewPost(String title, String descContent) {
        newPostTitle.click();
        newPostTitle.sendKeys(title);
        driver.switchTo().frame(newPostContentFrame);
        newPostContentBody.sendKeys(descContent);
        driver.switchTo().defaultContent();
        newPostPublish.click();
    }
}
```

AllPostsPage 페이지 객체의 createANewPost 서비스에서 AddNewPostPage PageObejct 인스턴스를 생성한다. AddNewPostPage의 addNewPost 서비스는 게시글의 제목과 내용을 입력받아 블로그에 새 글로 등록한다.

EditPostPage

EditPostPage 페이지 객체는 게시글 수정과 관련된 역할을 수행한다.

```java
package com.example;

import org.openqa.selenium.WebDriver;
import org.openqa.selenium.WebElement;
import org.openqa.selenium.support.FindBy;

public class EditPostPage {

    WebDriver driver;

    @FindBy(id = "content_ifr")
    WebElement newPostContentFrame;

    @FindBy(id = "tinymce")
    WebElement newPostContentBody;

    @FindBy(id = "title")
    WebElement newPostTitle;

    @FindBy(id = "publish")
    WebElement newPostPublish;

    public EditPostPage(WebDriver driver) {
        this.driver = driver;
        System.out.println(driver.getCurrentUrl());
    }

    public void editPost(String title, String descContent) {
        newPostTitle.click();
```

```
            newPostTitle.clear();
            newPostTitle.sendKeys(title);
            driver.switchTo().frame(newPostContentFrame);
            newPostContentBody.clear();
            newPostContentBody.sendKeys(descContent);
            driver.switchTo().defaultContent();
            newPostPublish.click();
        }
    }
```

AddNewPostPage 페이지 객체와 비슷하게 AllPostsPage 페이지 객체의 editAPost 서비스에서 EditPostPage 페이지 객체 인스턴스를 생성한다. 여기서는 게시글을 수정하는 역할로 editPost 서비스를 제공하는데, 제목과 설명 글을 입력 파라미터로 사용한다.

DeletePostPage

DeletePostPage 페이지 객체는 게시글 삭제와 관련된 내용을 다룬다.

```
package com.example;

import org.openqa.selenium.WebDriver;
import org.openqa.selenium.WebElement;
import org.openqa.selenium.support.FindBy;

public class DeletePostPage {

    WebDriver driver;

    @FindBy(linkText = "Move to Trash")
    WebElement moveToTrash;

    public DeletePostPage(WebDriver driver) {
        this.driver = driver;
        System.out.println(driver.getCurrentUrl());
    }
```

```
        public void delete() {
            moveToTrash.click();
        }
    }
```

DeletePostPage 페이지 객체도 AddNewPostPage나 EditPostPage 페이지 객체처럼 AllPostsPage 페이지 객체의 deleteAPost 서비스에서 인스턴스를 생성한다. 여기에선 delete라는 이름의 서비스로 게시글을 삭제한다. 지금까지 예제에서 확인할 수 있듯이, AddNewPostPage, EditPostPage, DeletePostPage 페이지 객체는 같은 페이지를 대상으로 사용한다. 따라서 세 개의 페이지 객체를 하나로 모아 게시글 추가, 수정, 삭제 서비스를 제공하는 것이 더 나은 방법이다.

테스트 케이스 작성

지금부터는 앞서 살펴본 페이지 객체를 사용해 워드프레스 관리자 콘솔과 상호작용하는 테스트 케이스를 작성해보자.

게시글 추가 테스트

아래 테스트 케이스는 블로그에 새로운 글을 추가한다.

```
package com.example;

import org.openqa.selenium.WebDriver;
import org.openqa.selenium.chrome.ChromeDriver;
import org.openqa.selenium.support.PageFactory;

import org.testng.annotations.AfterMethod;
import org.testng.annotations.BeforeMethod;
import org.testng.annotations.Test;

public class WordPressBlogTestsWithPageObject {
```

```
WebDriver driver;
String username = "admin";
String password = "$$SUU3$$N#";

@BeforeMethod
public void setup() {

    System.setProperty("webdriver.chrome.driver",
            "./src/test/resources/drivers/chromedriver");
    driver = new ChromeDriver();
}

@Test
public void testAddNewPost() {
    AdminLoginPage loginPage =
            PageFactory.initElements(driver, AdminLoginPage.class);
    AllPostsPage allPostsPage = loginPage.login(username, password);
    allPostsPage.createANewPost("Creating New Post using PageObjects",
            "Its good to use PageObjects");
}

@AfterMethod
public void tearDown() {
    driver.quit();
}

}
```

테스트 스크립트를 실행하면 다음 과정을 통해 워드프레스 블로그에 새 글을 등록한다.

1. 테스트 스크립트는 크롬 드라이버 인스턴스를 만들어 크롬 브라우저에서 새 글을 등록하는 테스트를 수행한다.

2. 앞선 과정에서 만든 드라이버 인스턴스를 통해 AdminLoginPage 페이지 객체 인스턴스를 생성한다.

3. AdminLoginPage PageObejct 인스턴스에서, login 서비스를 사용해 워드프레스 관리자 콘솔로 로그인한다. login 서비스는 AllPostPage 페이지 객체 인스

턴스를 반환한다.

4. 테스트 스크립트는 앞 단계에서 가져온 `AllPostsPage` 페이지 객체 인스턴스로 전체 글 페이지에서 제공하는 다양한 서비스를 사용한다. 예제에선 `createANew` `Post` 서비스를 사용한다.

게시글 수정 테스트

이번 테스트 케이스는 블로그에서 게시글을 수정한다.

```
@Test
public void testEditPost() {
    AdminLoginPage loginPage =
            PageFactory.initElements(driver, AdminLoginPage.class);
    AllPostsPage allPostsPage = loginPage.login(username, password);
    allPostsPage.editAPost("Creating New Post using PageObjects",
            "Editing Post using PageObjects", "Test framework low
            maintenance");
}
```

테스트 스크립트를 실행하면 다음 과정을 통해 워드프레스 블로그의 글을 수정한다.

1. 앞선 과정에서 만든 드라이버 인스턴스를 통해 `AdminLoginPage` 페이지 객체 인스턴스를 생성한다.

2. `AdminLoginPage PageObejct` 인스턴스에서, `login` 서비스를 사용해 워드프레스 관리자 콘솔로 로그인한다. `login` 서비스는 `AllPostPage` 페이지 객체 인스턴스를 반환한다.

3. 테스트 스크립트는 앞 단계에서 가져온 `AllPostsPage` 페이지 객체 인스턴스로 전체 글 페이지에서 제공하는 다양한 서비스를 사용한다. 예제에선 `editAPost` 서비스를 사용한다.

게시글 삭제 테스트

아래 테스트 케이스는 게시글을 삭제하는 코드다.

```
@Test (dependsOnMethods = "testEditPost")
public void testDeletePost() {
    AdminLoginPage loginPage =
            PageFactory.initElements(driver, AdminLoginPage.class);
    AllPostsPage allPostsPage = loginPage.login(username, password);
    allPostsPage.deleteAPost("Editing Post using PageObjects");
}
```

테스트 스크립트를 실행하면 다음 과정을 통해 워드프레스 블로그의 글을 삭제한다.

1. 앞선 과정에서 만든 드라이버 인스턴스를 통해 `AdminLoginPage` 페이지 객체 인스턴스를 생성한다.

2. `AdminLoginPage PageObejct` 인스턴스에서, `login` 서비스를 사용해 워드프레스 관리자 콘솔로 로그인한다. `login` 서비스는 `AllPostPage` 페이지 객체 인스턴스를 반환한다.

3. 테스트 스크립트는 앞 단계에서 가져온 `AllPostsPage` 페이지 객체 인스턴스로 전체 글 페이지에서 제공하는 다양한 서비스를 사용한다. 예제에선 `deleteAPost` 서비스를 사용한다.

게시글 세기 테스트

아래 테스트 케이스는 블로그에 올린 전체 게시글의 수를 센다.

```
@Test
public void testCountPost() {
    AdminLoginPage loginPage =
            PageFactory.initElements(driver, AdminLoginPage.class);
```

```
        AllPostsPage allPostsPage = loginPage.login(username, password);
        Assert.assertEquals(allPostsPage.getAllPostsCount(), 1);
    }
```

테스트 스크립트를 실행하면 다음 과정을 통해 워드프레스 블로그의 글 개수를 확인한다.

1. 앞선 과정에서 만든 드라이버 인스턴스를 통해 AdminLoginPage 페이지 객체 인스턴스를 생성한다.

2. AdminLoginPage PageObejct 인스턴스에서, login 서비스를 사용해 워드프레스 관리자 콘솔로 로그인한다. login 서비스는 AllPostPage 페이지 객체 인스턴스를 반환한다.

3. 테스트 스크립트는 앞 단계에서 가져온 AllPostsPage 페이지 객체 인스턴스로 전체 글 페이지에서 제공하는 다양한 서비스를 사용한다. 예제에선 getAllPostsCount 서비스를 사용한다.

▌ 요약

9장에서는 페이지 객체 패턴에 대해 알아보고, 페이지 객체를 사용해 테스트 프레임워크를 구축하는 방법도 살펴봤다. 페이지 객체 패턴에는 여러 가지 장점이 있는데, 페이지 객체 패턴과 LoadableComponents 클래스를 함께 활용하면 테스트 케이스를 수정하지 않아도 테스트 대상 애플리케이션 변경에 대응할 수 있는 테스트 프레임워크를 쉽게 만들 수 있다. 잘 설계된 테스트 프레임워크라면 대상 애플리케이션 변경 시에도 항상 유연하게 대응할 수 있어야 한다. 10장에서는 Appium을 사용해 iOS와 안드로이드 계열의 모바일 애플리케이션 테스트를 살펴본다.

▌ 질문

1. PageFactory로 구현한 페이지 객체를 초기화하는 방법은?
2. 페이지가 정상적으로 로드되었는지 확인하는 메서드를 구현하려면 어떤 클래스를 사용해야 하는가?
3. @FindBy 어노테이션에서는 어떤 By class 메서드를 지원하는가?
4. 예, 아니요: PageFactory를 사용할 때 웹엘리먼트 이름을 ID나 name 속성과 똑같이 맞추면 @FindBy 어노테이션을 사용하지 않아도 되는가?

▌ 더 살펴보기

다음 링크에 9장에서 다룬 내용에 대한 더 자세한 정보가 있다.

- 테스트 설계 고려사항: https://www.selenium.dev/documentation/guidelines/
- 셀레늄 자동화: PageObjectModel과 PageFactory: https://www.toptal.com/selenium/test-automation-in-selenium-using-page-object-model-and-page-factory

10

Appium을 이용한 iOS와 안드로이드 테스트

9장까지는 데스크톱 브라우저 환경에서 웹 애플리케이션 테스트를 수행했다. 하지만 모바일 사용자가 늘어남에 따라 비즈니스 환경은 모바일에서도 데스크톱과 같은 서비스를 제공해야 한다. 10장에서는 다음 주제를 다룬다.

- 모바일 애플리케이션의 차이점과 테스트 도구
- Appium과 셀레늄 웹드라이버로 모바일 테스트를 수행하는 방법
- 안드로이드와 iOS에서 모바일 애플리케이션 테스트
- 클라우드 기반의 실제 기기 테스트

Appium은 iOS와 안드로이드 플랫폼에서 셀레늄 웹드라이버와 JSON 와이어 프로토콜을 사용해 모바일 앱을 테스트할 수 있는 오픈소스 모바일 자동화 프레임워크로 기존

모바일 웹 테스트에 사용하던 셀레늄2의 아이폰 드라이버와 안드로이드 드라이버 API를 대신한다.

▌ 다양한 형태의 모바일 애플리케이션

모바일 플랫폼의 사용자 간 애플리케이션은 3가지다.

- **네이티브 앱**: 네이티브 앱은 모바일 플랫폼에 특화돼 있다. 플랫폼에서 지원하는 언어로 개발하므로 각 플랫폼의 SDK와 밀접한 관계가 있다. iOS는 iOS SDK를 사용해 오브젝티브−C나 스위프트로 개발하고, 안드로이드 플랫폼에서는 안드로이드 SDK를 사용해 자바나 코틀린으로 개발한다.

- **m.site**: 모바일 웹사이트라고도 부르는 m.site는 모바일 기기 브라우저에서 로딩하는 웹 애플리케이션의 축소 버전이다. iOS 기기에서는 사파리나 크롬, 안드로이드에서는 기본 브라우저나 크롬 같은 브라우저를 말한다. 예를 들어, iOS나 안드로이드 기기 브라우저를 실행하고 주소창에 www.facebook.com을 입력해보자. 페이지를 로딩하기 전에 URL이 www.facebook.com에서 m.facebook.com으로 바뀌는 것을 볼 수 있다. 페이스북 애플리케이션 서버는 모바일 기기에서 보낸 요청에 대해 데스크탑 사이트 대신 모바일 사이트를 서비스한다. m.site도 일반적인 웹 애플리케이션처럼 자바스크립트와 HTML5를 사용해 개발한다.

- **하이브리드 앱**: 하이브리드 앱은 네이티브 앱과 웹 앱을 결합한 방식이다. 네이티브 앱으로 개발하면서 앱의 일부분을 HTML 웹 페이지를 사용하므로 사용자가 네이티브 앱을 사용하는 듯한 경험을 제공할 수 있다. 보통은 네이티브 앱에서 웹뷰^{WebView}를 사용해 웹 페이지를 불러온다.

테스트 스크립트 개발자라면 다양한 애플리케이션을 다양한 모바일 기기에서 모두 테스트해야 한다.

▌ 사용 가능한 소프트웨어 도구

모바일 기기에서 애플리케이션 테스트 자동화에 사용하는 다양한 소프트웨어 도구들 중 셀레늄 웹드라이버 기반 도구들로는 다음과 같은 종류가 있다.

- Appium: 네이티브, 하이브리드, 모바일 웹 애플리케이션 테스트를 위한 셀레늄 기반의 크로스 플랫폼, 크로스 테크놀로지 모바일 테스트 프레임워크다. Appium을 사용하면 기존 셀레늄 웹드라이버 프레임워크를 확장해 모바일 테스트를 작성할 수 있다. 셀레늄 웹드라이버로 테스트를 실행하므로 모든 언어의 기존 셀레늄 클라이언트 라이브러리로 테스트를 작성할 수 있다. Appium은 심지어 Firefox OS 플랫폼에서도 동작한다. 10장에서는 Appium 사용법을 다룬다.
- Selendroid: Selendroid는 안드로이드 플랫폼에서 동작한다. iOSDriver와 비슷한 방식으로 네이티브 앱이나 하이브리드 앱, m.site로 서비스하는 애플리케이션을 테스트할 수 있는데, 구글에서 제공하는 네이티브 UI 자동화 라이브러리를 사용한다. 테스트 스크립트의 언어별 클라이언트 라이브러리는 JSON 프로토콜을 사용해 Selendroid 드라이버와 통신한다.

▌ Appium을 이용한 iOS와 안드로이드 테스트 자동화

Appium은 안드로이드와 iOS 플랫폼에서 모바일 앱 테스트 자동화에 널리 도입돼 사용되고 있다. 네이티브 앱과 하이브리드 앱, m.site 테스트 자동화에 Appium을 사용할 수 있는데, 내부적으로 웹드라이버의 JSON 와이어 프로토콜을 사용한다.

iOS 애플리케이션 테스트 자동화

Appium은 iOS 앱 테스트 자동화에 XCTest나 (예전 iOS 버전용인) UI Automation을 사용한다.

- **XCTest**: iOS 9.3 이상의 iOS 애플리케이션은 단위 테스트, 성능 테스트, UI 테스트의 작성과 실행에 XCTest를 사용할 수 있다. iOS 애플리케이션용 Xcode 테스트 워크플로우에 통합돼 있다. Appium은 iOS 애플리케이션 자동화에 내부적으로 XCTest를 사용한다.

- **UI Automation**: iOS 9.3 이하에서 앱 테스트를 개발하려면 UI Automation을 사용해야 한다. Appium은 JSON 와이어 프로토콜로 테스트 스크립트 명령을 전달받는다. Appium은 전달받은 명령을 애플 인스트러먼트로 보내 시뮬레이터나 실제 기기에서 실행된 네이티브 앱에서 동작한다. Appium은 애플 인스트러먼트로 명령을 전달하기 전, 인스트러먼트가 이해할 수 있도록 JSON 명령어를 UI Automation 자바스크립트로 바꾼다. 인스트러먼트는 시뮬레이터나 실제 디바이스에서 앱을 띄우고 테스트 스크립트 명령을 실행한다.

Appium은 리모트 웹드라이버처럼 동작하면서 JSON 와이어 프로토콜의 테스트 스크립트 명령을 전달받는다. 전달받은 명령을 애플 인스트러먼트로 보내 시뮬레이터나 실제 디바이스에서 실행된 네이티브 앱에서 동작한다. 지금까지의 설명을 그림으로 나타내면 다음과 같다.

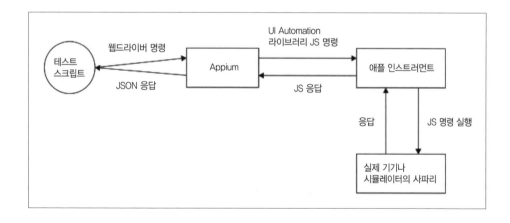

테스트 명령이 시뮬레이터나 기기의 앱에서 실행된 후 애플리케이션에서 다시 XCTest나 UI Automation 인스트러먼트로 응답을 보내면, Appium에서는 응답을 자바스크립트로 변경한다. Appium은 응답을 셀레늄 웹드라이버 JSON 와이어 프로토콜 응답으로 바꾸고 테스트 스크립트로 돌려보낸다.

Appium을 iOS 테스트 자동화에 사용할 때의 장점은 다음과 같다.

- XCTest, UI Automation 라이브러리, 인스터러먼트처럼 애플에서 제공하는 iOS 플랫폼 지원을 사용할 수 있다.
- 자바스크립트 라이브러리를 사용하지만, 테스트 스크립트가 자바스크립트에 얽매이는 건 아니다. 자바, 루비, 파이썬 같은 셀레늄 웹드라이버를 지원하는 언어로 테스트 스크립트를 작성하면 Appium이 자동으로 자바스크립트로 변환한다.
- 테스트 자동화를 위해 네이티브 앱이나 하이브리드 앱의 코드를 수정하지 않아도 된다.

안드로이드 애플리케이션 테스트 자동화

안드로이드 앱의 테스트 자동화는 iOS 앱 테스트와 비슷하다. 대상 플랫폼이 바뀐 점만 제외하면 테스트 스크립트는 아무런 변경 사항이 없다. 아래 그림에서 전체적인 흐름을 확인할 수 있다.

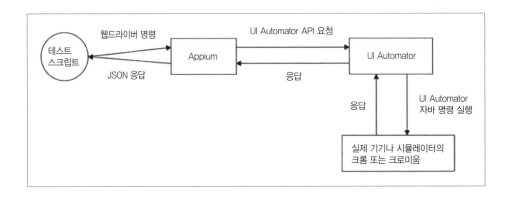

Appium은 리모트 웹드라이버처럼 동작하면서 JSON 와이어 프로토콜로 테스트 스크립트 명령어를 전달받는다. 전달받은 명령을 다시 안드로이드 SDK에 포함된 구글 UI Automator로 보내 시뮬레이터나 실제 기기의 네이티브 앱에서 명령을 수행한다. 테스트 명령을 UI Automator로 보내기 전에 Appium은 JSON 명령어를 UI Automator가 이해할 수 있도록 UI Automator 명령어로 번역한다. UI Automator는 앱을 실행하고 테스트 스크립트의 명령을 실행한다. 시뮬레이터나 디바이스에서 명령어가 실행된 후 앱은 UI Automator로 응답을 보낸다. 응답은 다시 UI Automator 형식으로 Appium으로 전달된다. Appium은 UI Automator의 응답을 셀레늄 웹드라이버 JSON 와이어 프로토콜 응답으로 변경해 테스트 스크립트로 보낸다.

안드로이드와 iOS 기기에서 테스트 명령을 실행하는 Appium 동작 방식을 이해하기 쉽도록 고수준에서 살펴보았다.

Appium 사용준비

Appium 예제를 시작하기에 앞서 iOS와 안드로이드 플랫폼에 맞는 도구를 설치해야 한다. 미리 설치가 필요한 도구는 Xcode와 안드로이드 스튜디오다. 예제는 맥 OS를 기준으로 설명한다.

Xcode 설정

먼저 Xcode를 설정하는 방법이다.

1. https://developer.apple.com/xcode/에서 최신 버전의 Xcode를 다운로드한다.
2. 다운로드한 파일을 설치하고 실행한다.
3. Preferences › Components로 이동해 원하는 버전의 iOS Simulators를 설치한다.

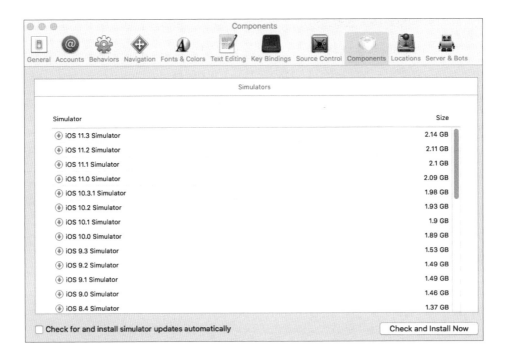

실제 기기를 사용하려면 디바이스에 프로비전 프로파일을 설치하고 USB 디버깅 옵션도 활성화해야 한다.

이제 아이폰 시뮬레이터를 실행해보자. 시뮬레이터는 Xcode ❯ Open Developer Tool ❯ iOS Simulator 메뉴로 이동해 실행할 수 있다. 시뮬레이터의 모습은 다음 화면과 같다.

안드로이드 SDK 설치

안드로이드 SDK는 https://developer.android.com/studio/에서 다운로드할 수 있다.
안드로이드 스튜디오를 다운로드해 설치한다.

안드로이드 스튜디오를 실행한 후 Tools › SDK Manager 메뉴를 선택하면 나타나는 화
면에서 API 레벨이 27인 안드로이드를 다운로드해 설치한다.

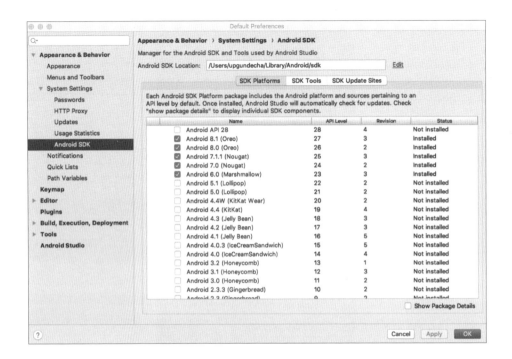

예제에서는 API 레벨이 27인 안드로이드 8.1을 설치한다.

안드로이드 에뮬레이터 생성

테스트 스크립트를 안드로이드 에뮬레이터에서 실행하려면, 먼저 안드로이드 에뮬레이터를 생성해야 한다. 다음 과정을 통해 안드로이드 에뮬레이터를 만들 수 있다.

1. 안드로이드 스튜디오에서 Tools › AVD Manager로 이동해 AVD Manager를 실행하면 다음 그림과 같은 화면이 나타난다.

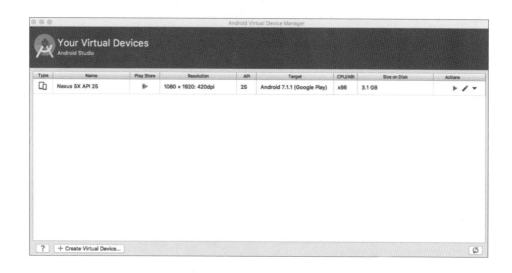

2. Create Virtual Device... 버튼을 눌러 가상 기기나 에뮬레이터를 생성한다. 다음
   과 같이 화면에서 필요한 모든 정보를 볼 수 있다.

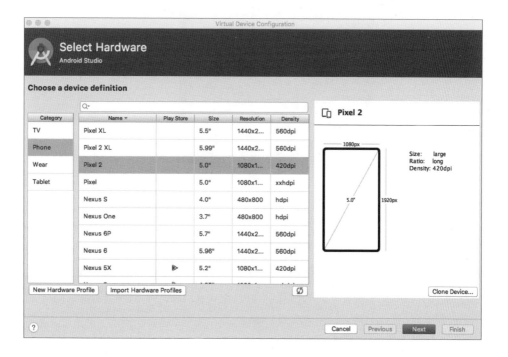

3. 에뮬레이터를 실행하면 안드로이드 가상 기기를 시작하며 이 과정은 몇 분 정도 걸린다. 안드로이드 에뮬레이터가 시작되면 다음과 같은 화면이 나타난다.

Appium 설치

http://appium.io/에서 Appium을 다운로드할 수 있다. **Download Appium** 버튼을 클릭한 후 Appium을 실행할 플랫폼에 맞는 파일을 다운로드한다. 예제에서는 Mac을 사용하므로 Appium DMG 파일을 다운로드했다.

Appium을 Application 폴더에 복사하고 실행한다. 처음 실행하면 iOS 시뮬레이터 실행에 대한 인증을 요구하고, 다음과 같은 화면이 나타난다.

Start Server 버튼을 클릭하면 서버가 시작된다. 기본값으로 시작하면 서버의 URL은 http://localhost:4723이 된다. 테스트 스크립트가 테스트 명령을 전송하려면 이 주소로 접속하면 된다.

iOS 자동화

Appium을 실행한 후 아이폰 사파리 브라우저에서 검색 기능을 확인하는 테스트를 만들어보자. DesiredCapabilities 클래스로 아이폰X와 iOS 11.4에서 Appium 테스트를 실행하는 예제는 다음과 같다.

```
public class SearchTest {

    private WebDriver driver;
```

```
@BeforeTest
public void setUp() throws Exception {

    // iOS와 아이폰X를 사용하도록 설정
    DesiredCapabilities caps = new DesiredCapabilities();
    caps.setCapability("platformName", "iOS");
    caps.setCapability("platformVersion", "11.4");
    caps.setCapability("deviceName", "iPhone X");
    caps.setCapability("browserName", "safari");

    // 다른 장비에서 동작 중인 Appium 서버에 접속하도록
    // iOS 테스트를 위해 IOSDriver 인스턴스를 생성한다
    // 웹 애플리케이션 테스트용으로 웹 엘리먼트를 사용한다
    driver = new IOSDriver<>(new URL(
            "http://192.168.0.101:4723/wd/hub"), caps);
    driver.get("http://demo-store.seleniumacademy.com/");
}

@Test
public void searchProduct() {

    WebElement lookingGlassIcon =
            driver.findElement(By
                    .cssSelector("a.skip-search span.icon"));

    lookingGlassIcon.click();

    // 검색창을 찾아 검색어를 입력한다
    WebElement searchBox = driver.findElement(By.name("q"));

    searchBox.sendKeys("Phones");

    WebElement searchButton =
            driver.findElement(By.className("search-button"));
    searchButton.click();

    List<WebElement> searchItems = new WebDriverWait(driver, 30)
            .until(ExpectedConditions
                    .presenceOfAllElementsLocatedBy(By
```

```
                        .cssSelector("h2.product-name a")));

        assertThat(searchItems.size())
                .isEqualTo(3);
    }

    @AfterTest
    public void tearDown() throws Exception {
        // 브라우저를 종료한다
        driver.quit();
    }
}
```

예제 코드는 RemoteWebDriver를 사용했을 때와 모습이 매우 흡사한데, 몇 가지 다른 부분은 다음과 같다.

```
DesiredCapabilities caps = new DesiredCapabilities();
caps.setCapability("platformName", "iOS");
caps.setCapability("platformVersion", "11.4");
caps.setCapability("deviceName", "iPhone X");
caps.setCapability("browserName", "safari");
```

Appium 자바 클라이언트 라이브러리는 iOS 플랫폼에서 Appium으로 테스트를 실행하는 IOSDriver 클래스를 제공한다. 하지만 Appium이 해당 플랫폼을 사용하게 하려면 설정값을 전달해야 한다. platformName 값을 설정해 Appium이 테스트 스크립트를 실행할 플랫폼을 지정한다. 예제에서는 아이폰X 시뮬레이터를 사용했다. 아이패드에서 테스트를 실행하려면 아이패드 시뮬레이터를 지정해야 한다.

실제 기기에서 테스트를 실행할 때는 iPhone이나 iPad로 명시한다. Appium은 맥에 USB로 연결된 기기를 선택해 테스트를 수행한다. 마지막 줄에서는 Appium이 사파리 브라우저를 실행하도록 browserName 옵션을 사용했다.

안드로이드 자동화

안드로이드에서의 앱 테스트는 iOS 테스트와 비슷하다. 이 장에서는 에뮬레이터(안드로이드 커뮤니티에서는 시뮬레이터를 에뮬레이터로 부른다) 대신 실제 기기를 사용한다. iOS와 동일한 테스트를 안드로이드용 크롬에서 실행한다.

예제에서는 삼성 갤럭시 S4 안드로이드 기기를 사용한다. 기기에는 구글 크롬이 설치돼 있어야 한다. 사전 설치돼 있지 않기 때문에 구글 플레이 스토어에서 구글 크롬을 설치한다. Appium 서버를 실행 중인 장비에 안드로이드 기기를 연결한다. 다음 명령어로 장비에 연결된 에뮬레이터와 기기 목록을 가져온다.

```
./adb devices
```

안드로이드 디버그 브리지Android Debug Bridge는 컴퓨터와 연결된 실제 기기나 에뮬레이터 인스턴스와 통신하는 데 사용하는 커맨드라인 도구로 안드로이드 SDK에 포함돼 있다. ./adb devices 명령으로 연결된 모든 안드로이드 기기의 목록을 볼 수 있다. 출력 형식은 다음과 같다.

```
List of devices attached
4df1e76f39e54f43 device
```

실제 안드로이드 기기에서 테스트를 수행하기 위해, iOS용으로 만들었던 스크립트를 안드로이드용 옵션과 안드로이드 드라이버 클래스를 사용하도록 수정해보자. 코드는 다음과 같다.

```java
public class MobileBmiCalculatorTest {
    private WebDriver driver;

    @BeforeTest
    public void setUp() throws Exception {
```

```
// 안드로이드 기기용 옵션 설정  Set the desired capabilities for Android
Device
DesiredCapabilities caps = DesiredCapabilities.android();
caps.setCapability("deviceOrientation", "portrait");
caps.setCapability("platformVersion", "8.1");
caps.setCapability("platformName", "Android");
caps.setCapability("browserName", "Chrome");

// 다른 장비에서 동작 중인 Appium 서버에 접속하도록
// 안드로이드 드라이버 인스턴스를 생성한다.
// 웹 애플리케이션 테스트를 위해 웹 엘리먼트를 사용한다.
driver = new AndroidDriver<WebElement>(new URL(
        "http://192.168.0.101:4723/wd/hub"), caps);
driver.get("http://demo-store.seleniumacademy.com/");
}
```

예제에서는 Appium이 안드로이드에서 테스트를 수행하도록 `platformName`에 `Android`를 사용했다. 안드로이드용 크롬에서 테스트를 수행하도록 `browserName`에는 `Chrome`을 명시했다. 주요 차이점은 Appium 자바 클라이언트 라이브러리에 안드로이드 드라이버를 사용했다는 점이다.

Appium은 `adb`가 반환하는 기기 목록에서 첫 번째 기기를 사용한다. Appium은 옵션값 설정대로 기기에서 크롬 브라우저를 실행한 후 테스트 스크립트 명령을 실행한다.

클라우드 기반의 실제 기기 테스트

Appium은 실제 기기, 모바일 시뮬레이터, 에뮬레이터에서의 테스트를 지원한다. 실제 기기로 모바일 테스트 환경을 만들려면 다양한 기기와 인프라 유지보수에 대한 비용이 필요하다. 모바일 폰 제조사들은 매일 새 모델을 출시하고 운영체제를 업데이트한다. 애플리케이션은 항상 최신 기기와 최신 버전에 대응해야 한다.

빠른 변화에 대응하면서 유지비용을 최소화하는 방안으로, 클라우드 기반 모바일 테스트 환경을 사용하는 방법이 있다. 아마존 웹 서비스, BrowserStack, Sauce Labs 같은 다양한 업체들이 실제 기기를 구입하지 않고 테스트를 실행할 수 있도록 실제 모바일 기기 테스트 환경을 클라우드 기반으로 제공한다. 테스트에 사용한 시간만큼만 사용료를 지불하면 되고, 업체의 클라우드 기기에서 Appium을 사용한 자동화 테스트도 가능하다.

이번 절에서는 BrowserStack 클라우드에 있는 실제 기기에서 테스트를 실행한다.

1. Automate 기능을 구독 중인 BrowserStack 계정이 있어야 한다. https://www.browserstack.com/에서 무료 체험 계정을 만들 수 있다.

2. BrowserStack에서 사용할 기기 조합을 선택한다. BrowserStack은 선택한 기기와 운영체제 조합에 따른 설정 코드를 제공해준다. https://www.browserstack.com/automate/java에서 기기와 운영체제를 선택해보자.

3. 선택한 옵션에 따라 BrowserStack은 사용자 아이디와 액세스 키를 추가한 코드를 자동으로 만들어준다.

```
import org.openqa.selenium.By;
import org.openqa.selenium.Platform;
import org.openqa.selenium.WebDriver;
import org.openqa.selenium.WebElement;
import org.openqa.selenium.remote.DesiredCapabilities;
import org.openqa.selenium.remote.RemoteWebDriver;

import java.net.URL;

public class JavaSample {

  public static final String USERNAME = "            ";
  public static final String AUTOMATE_KEY = "                        ";
  public static final String URL = "https://" + USERNAME + ":" + AUTOMATE_KEY + "@hub-cloud.browserstack.com/wd/hub";

  public static void main(String[] args) throws Exception {

    DesiredCapabilities caps = new DesiredCapabilities();
    caps.setCapability("browserName", "iPhone");
    caps.setCapability("device", "iPhone X");
    caps.setCapability("realMobile", "true");
    caps.setCapability("os_version", "11.0");

    WebDriver driver = new RemoteWebDriver(new URL(URL), caps);
    driver.get("http://www.google.com");
    WebElement element = driver.findElement(By.name("q"));

    element.sendKeys("BrowserStack");
    element.submit();

    System.out.println(driver.getTitle());
    driver.quit();

  }
}
```

3단계의 코드를 사용하지 않고, 기존 테스트 코드를 다음과 같이 수정해 사용한다. 자동 생성된 사용자명과 액세스 키를 사용해야 함을 잊지 말자.

```
public class SearchTest {

    private WebDriver driver;

    @BeforeTest
    public void setUp() throws Exception {

        String USERNAME = "username";
        String AUTOMATE_KEY = "access_key";
        String URL = "https://" + USERNAME + ":"
                + AUTOMATE_KEY + "@hub-cloud.browserstack.com/wd/hub";

        // 아이폰 X용 옵션 설정 Set the desired capabilities for iPhone X
```

```
        DesiredCapabilities caps = new DesiredCapabilities();
        caps.setCapability("browserName", "iPhone");
        caps.setCapability("device", "iPhone X");
        caps.setCapability("realMobile", "true");
        caps.setCapability("os_version", "11.0");

        driver = new RemoteWebDriver(new URL(URL), caps);
        driver.get("http://demo-store.seleniumacademy.com/");
    }

@Test
public void searchProduct() {
    WebElement lookingGlassIcon =
            driver.findElement(By
                    .cssSelector("a.skip-search span.icon"));
    lookingGlassIcon.click();

    // 검색창을 찾아 검색어 입력
    WebElement searchBox = driver.findElement(By.name("q"));
    searchBox.sendKeys("Phones");

    WebElement searchButton =
            driver.findElement(By.className("search-button"));

    searchButton.click();

    List<WebElement> searchItems = new WebDriverWait(driver, 30)
            .until(ExpectedConditions
                    .presenceOfAllElementsLocatedBy(By
                            .cssSelector("h2.product-name a")));

    assertThat(searchItems.size())
            .isEqualTo(3);
    }

@AfterTest
public void tearDown() throws Exception {
    // 브라우저 종료
    driver.quit();
```

```
        }
    }
```

IDE에서 테스트를 실행하면 BrowserStack 클라우드에서 실행된다. BrowserStack 대시보드에서 선택한 옵션, 테스트 단계별 진행 상황, 콘솔 로그, 네트워크 로그, Appium 로그, 실행 비디오를 볼 수 있다.

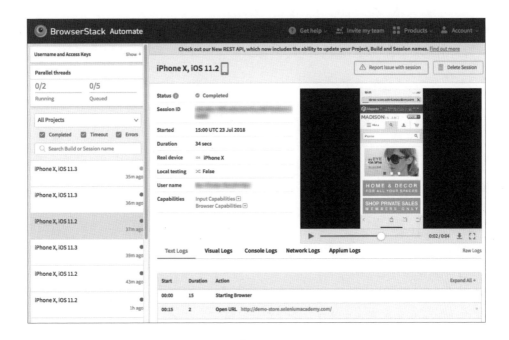

▎ 요약

10장에서는 모바일 환경에서 사용자에게 다가가는 다양한 기술 방식을 알아보고, 셀레늄 웹드라이버를 기반으로 만든 다양한 도구도 살펴봤다. 그다음 새롭게 주목받고 있는 자동화 도구로 iOS와 안드로이드 플랫폼에서 동작하는 테스트 스크립트를 만들었다.

11장에서는 TestNG를 사용해 데이터 주도 테스트와 파라미터화 테스트를 만드는 방법을 살펴본다. 테스트 재사용이 용이하며 커버리지가 쉬워진다.

▌ 질문

1. 모바일 앱의 유형에는 어떤 것들이 있는가?
2. Appium 자바 클라이언트 라이브러리에서 iOS와 안드로이드 애플리케이션 테스트용으로 제공하는 클래스 이름은 무엇인가?
3. 컴퓨터에 USB로 연결된 안드로이드 기기 목록을 보는 명령어는 무엇인가?
4. Appium 서버의 기본 포트는 몇 번인가?

▌ 더 살펴보기

다음 링크에 10장에서 다룬 내용에 대한 더 자세한 정보가 있다.

- Appium과 관련된 더 많은 예제를 보려면, Appium 웹사이트 http://appium.io/와 깃허브 포럼 https://github.com/appium/appium/tree/master/sample-code/java을 참고하라.

TestNG로 수행하는
데이터 주도 테스트

TestNG와 셀레늄 웹드라이버로 데이터 주도 테스트를 작성하는 방법을 살펴본다. 11장에서 다루는 내용은 다음과 같다.

- 데이터 주도 테스트란 무엇인가?
- TestNG 스위트 파라미터로 파라미터화 테스트
- 데이터 주도 테스트를 위한 TestNG 데이터 제공자 사용법
- CSV와 엑셀 파일에 테스트 데이터를 저장하고 읽어들이는 방법

▌ 데이터 주도 테스트

데이터 주도 테스트 접근법을 도입하면 수많은 테스트 케이스와 테스트 코드에 하드코딩된 값을 외부 데이터 소스에서 가져온 입력값과 기대값으로 교체해 간단한 테스트 하나로 검증을 끝마칠 수 있다. 이 방법은 비슷한 작업을 수행하지만 입력값과 기대값 같은 테스트 데이터나 애플리케이션 상태에 따라 조금씩만 달라지는 비슷비슷한 테스트 케이스에 사용하면 효과적이다. 로그인 테스트 케이스에서 나올 수 있는 다양한 조합에 대한 예제를 보자.

설명	테스트 데이터	기대 결과
올바른 사용자ID와 패스워드 테스트	올바른 사용자ID와 패스워드	성공 메시지가 표시되며 로그인한다
잘못된 사용자ID와 패스워드 테스트	잘못된 사용자ID와 패스워드	로그인 오류 메시지가 표시된다
올바른 사용자ID와 잘못된 패스워드 테스트	올바른 사용자ID와 잘못된 패스워드	로그인 오류 메시지가 표시된다

위의 표에서 테스트 데이터와 조건을 처리하는 스크립트 하나를 만들 수 있다. 데이터 주도 테스트 접근법은 하드코딩된 테스트 데이터를 변수로 변경해 CSV나 엑셀 같은 외부 데이터 소스에서 불러오는 방식으로 테스트 로직에서 테스트 데이터를 분리한다. 다양한 데이터 세트를 테스트와 분리해 관리하면 재사용 가능한 테스트를 만들 수 있다. 데이터 주도 테스트는 관리해야 하는 테스트 코드의 양을 최소화하면서 다양한 테스트 조건을 처리하도록 함으로써 테스트 커버리지를 늘리도록 해준다.

데이터 주도 테스트의 장점은 다음과 같다.

- 작성하고 관리하는 테스트 코드량을 최소화하면서 더 높은 테스트 커버리지를 얻을 수 있다.
- 다양한 테스트 조건을 간단하게 테스트할 수 있다.

- 테스트용 애플리케이션이 완성되기 전에 테스트 데이터를 설계할 수 있다.
- 테스트 데이터로 수동 테스트도 가능하다.

셀레늄 웹드라이버는 브라우저 자동화 API만 제공하기에 데이터 주도 테스트 기능이 내장돼 있지 않으므로 JUnit이나 TestNG같이 데이터 주도 테스트를 지원하는 테스트 프레임워크를 사용해야 한다. 다음 절부터는 TestNG를 테스트 프레임워크로 채택하고, TestNG의 파라미터화 기능으로 데이터 주도 테스트를 작성한다.

▍ 스위트 파라미터를 사용한 파라미터화 테스트

1장 '웹드라이버와 웹 엘리먼트 소개'에서는 애플리케이션에서 간단한 검색을 수행하는 검색 테스트를 만들었다. 1장의 테스트에서는 검색 결과의 제목을 검증했는데, 하드코딩된 값 phones로 검색하는 예제는 다음과 같다.

```
@Test
public void searchProduct() {

    // 검색창을 찾아 검색어 입력
    WebElement searchBox = driver.findElement(By.name("q"));

    searchBox.sendKeys("Phones");

    WebElement searchButton =
            driver.findElement(By.className("search-button"));

    searchButton.click();

    assertThat(driver.getTitle())
            .isEqualTo("Search results for: 'Phones'");
}
```

TestNG의 스위트-파라미터 기능으로 테스트 메서드에 하드코딩된 값 대신 파라미터로 변경한 값을 사용해 테스트 메서드에서 하드코딩된 값을 제거하고 TestNG 스위트 파일로 옮길 수 있다. 파라미터화한 값은 여러 테스트에 사용할 수 있다. 테스트 값을 변경하려면 테스트를 변경할 필요 없이 스위트 파일만 변경하면 된다.

스위트 파일에서 가져온 TestNG 파라미터를 사용하는 방법을 단계별로 살펴보자. 1장의 예제에서 src/test/resources/suites 폴더에 만들었던 testng.xml 파일을 수정해보자. 다음 예제에서 강조한 부분처럼 파라미터 정의를 추가한다.

```
<!DOCTYPE suite SYSTEM "http://testng.org/testng-1.0.dtd" >

<suite name="Chapter 1" verbose="1">
    <listeners>
        <listener classname="com.vimalselvam.testng.listener.
        ExtentTestNgFormatter"/>
        </listeners>
    <test name="Search Test">
        <parameter name="searchWord" value="phones"/>
        <parameter name="items" value="3"/>
        <classes>
            <class name="com.example.SearchTest"/>
        </classes>
    </test>
</suite>
```

`<parameter>` 태그로 TestNG 스위트 파일에 파라미터를 추가했다. 파라미터로 사용할 값을 `name`과 `value` 속성에 채워 넣어야 한다. 예제에서는 검색어와 애플리케이션에서 검색결과로 반환하는 상품 개수의 기대값으로 사용할 `searchWord`, `items` 두 개의 파라미터를 추가했다.

이제 하드코딩된 값을 파라미터로 교체해보자. `@Test` 어노테이션을 사용한 테스트 메서드에 `@Parameters` 어노테이션을 추가한다. `@Parameters` 어노테이션에는 스위트 파일에

선언한 파라미터의 이름과 순서를 정확히 맞춰 넣어야 한다. 예제에서는 searchWord와 items를 사용했다. 이어서 XML 파라미터에 맞는 데이터 타입으로 테스트 메서드에 인자를 추가해야 한다. 예제에서는 searchProduct() 테스트 메서드인 searchWorld에 문자열, items에 정수 타입 인자를 추가했다. 끝으로 테스트 메서드에 하드코딩된 값을 인자값으로 교체한다. 수정이 끝난 예제는 다음과 같다.

```java
@Parameters({"searchWord", "items"})
@Test
public void searchProduct(String searchWord, int items) {

    // 검색창을 찾아 검색어 입력
    WebElement searchBox = driver.findElement(By.name("q"));

    // XML 스위트 파일에서 가져온 searchWord 파라미터 값 사용
    searchBox.sendKeys(searchWord);

    WebElement searchButton =
            driver.findElement(By.className("search-button"));

    searchButton.click();

    assertThat(driver.getTitle())
            .isEqualTo("Search results for: '" + searchWord  + "'");

    List<WebElement> searchItems = driver
            .findElements(By.xpath("//h2[@class='product-name']/a"));

    assertThat(searchItems.size())
            .isEqualTo(items);
}
```

TestNG가 테스트 스위트 파일에 정의된 파라미터를 읽고 테스트 메서드에 값을 전달하도록 testng.xml 파일을 통해 파라미터화 테스트를 실행해야 한다.

테스트를 실행하면 TestNG는 XML 스위트에 정의된 파라미터를 @Parameters 어노테이션을 사용한 테스트 메서드에 동일한 순서의 인자로 매핑한다. 스위트 파일에서 가져온 파라미터 값이 테스트 메서드의 인자로 전달된다. 만약 XML 파라미터와 @Parameters 어노테이션의 개수가 맞지 않으면 TestNG는 예외를 발생시킨다.

다음 절에서는 많은 양의 테스트 데이터를 읽어 테스트를 수행할 수 있는 프로그램 방식의 파라미터화를 살펴본다.

데이터 제공자와 파라미터화 테스트

간단한 파라미터화는 스위트 파라미터라도 충분하지만 프로퍼티 파일, CSV, 엑셀, 데이터베이스처럼 외부에서 읽어온 다양한 데이터로 데이터 주도 테스트를 만들기에는 충분하지 않다. 데이터 제공자를 통해 테스트 데이터를 공급하는 예제를 살펴보자. 데이터 제공자는 테스트 클래스에 이차원 배열을 반환하는 메서드로 @DataProvider 어노테이션을 사용해 정의한다.

이전의 테스트를 데이터 제공자를 사용하는 테스트로 수정해보자. 하나의 searchWord 대신 3개의 searchWords와 items 숫자 조합을 사용한다. SearchTest 클래스 예제에서 @BeforeMethod 어노테이션 앞에 provider()라는 새로운 메서드를 추가한다.

```
public class SearchTest {

    WebDriver driver;

    @DataProvider(name = "searchWords")
    public Object[][] provider() {
        return new Object[][]{
                {"phones", 3},
                {"music", 5},
                {"iphone 5s", 0}
```

```
        };
    }

    @BeforeMethod
    public void setup() {
        ...
    }
    ...
}
```

메서드에 @DataProvider 어노테이션을 사용하면 테스트 케이스에 테스트 데이터를 공급하는 메서드가 된다. 추가로 @DataProvider 어노테이션에는 데이터 제공자의 이름이 있어야 한다. 예제에서는 searchWords라는 이름을 추가했다.

이어서 searchTest() 메서드가 data provider를 사용하도록 단계별로 수정해보자.

1. @Test 어노테이션에 data provider 이름을 추가한다.
2. searchProduct 메서드에 String searchWord와 int items 인자를 추가한다.
3. searchProduct 메서드에 하드코딩된 값을 파라미터로 변경한다.

```
public class SearchTest {

    WebDriver driver;

    @DataProvider(name = "searchWords")
    public Object[][] provider() {
        ...
    }

    @BeforeMethod
    public void setup() {

        System.setProperty("webdriver.chrome.driver",
                "./src/test/resources/drivers/chromedriver");
        driver = new ChromeDriver();
```

```
        driver.get("http://demo-store.seleniumacademy.com/");

    }

    @Test(dataProvider = "searchWords")
    public void searchProduct(String searchWord, int items) {

        // 검색창을 찾아 검색어 입력
        WebElement searchBox = driver.findElement(By.name("q"));

        searchBox.sendKeys(searchWord);

        WebElement searchButton =
                driver.findElement(By.className("search-button"));

        searchButton.click();

        assertThat(driver.getTitle())
                .isEqualTo("Search results for: '" + searchWord + "'");

        List<WebElement> searchItems = driver
                .findElements(By.xpath("//h2[@class='product-name']/a"));

        assertThat(searchItems.size())
                .isEqualTo(items);
    }

    @AfterMethod
    public void tearDown() {
        driver.quit();
    }
}
```

provider() 메서드가 데이터 제공 메서드가 되며 searchWords와 items 조합으로 구성된 배열을 반환하고, TestNG는 데이터 배열을 테스트 메서드에 전달한다.

TestNG는 각기 다른 데이터 조합의 테스트를 네 번 수행한다. TestNG는 테스트 수행결과를 정리한 보고서도 생성해준다. TestNG로 정의된 값에 대한 테스트 결과 예제는 다음과 같다. `searchProduct` 테스트는 세 번 실행되며, 실행 결과는 다음 스크린샷과 같은 모양이 된다.

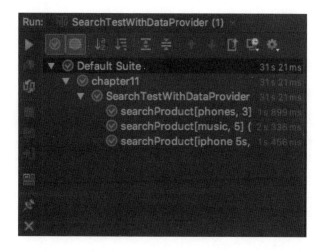

CSV 파일에서 데이터 읽어오기

TestNG를 사용한 간단한 데이터 주도 테스트를 살펴봤다. 테스트 스크립트에 테스트 데이터를 하드코딩하면 관리하기 어려워지므로 테스트 데이터는 테스트 스크립트와 별도로 관리해야 한다. 운영 환경의 데이터를 테스트에 이용하는 경우는 자주 발생한다. 데이터를 CSV 형식으로 내보내고, 데이터 제공자 메서드에서 객체 배열을 하드코딩하는 대신 CSV 파일의 값을 읽어 사용할 수 있다.

예제에서는 OpenCSV 라이브러리로 CSV 파일을 읽어들인다. OpenCSV는 간단한 자바 CSV 라이브러리로 http://opencsv.sourceforge.net/에서 상세한 내용을 확인할 수 있다.

src/test/resources/data 폴더에 CSV 파일 data.csv를 만든 후 기존 `searchWords`와 `items` 조합을 복사해 넣자.

```
searchWord,items
phones,3
music,5
iphone 5s,0
```

pom.xml 파일에 OpenCSV 라이브러리에 대한 메이븐 의존성을 추가한다. 예제에서는
3.4 버전을 사용한다.

```xml
<dependency>
    <groupId>com.opencsv</groupId>
    <artifactId>opencsv</artifactId>
    <version>3.4</version>
</dependency>
```

테스트 클래스에서 CSV 파일의 내용을 읽어 객체 배열을 반환하도록 provider() 메서
드를 다음과 같이 수정한다.

```java
public class SearchTest {

    WebDriver driver;

    @DataProvider(name = "searchWords")
    public Iterator<Object[]> provider() throws Exception {
        CSVReader reader = new CSVReader(
                new FileReader("./src/test/resources/data/data.csv")
                , ',', '\'', 1);
        List<Object[]> myEntries = new ArrayList<Object[]>();
        String[] nextLine;
        while ((nextLine = reader.readNext()) != null) {
            myEntries.add(nextLine);
        }
        reader.close();
        return myEntries.iterator();
```

```java
}

@BeforeMethod
public void setup() {

    System.setProperty("webdriver.chrome.driver",
            "./src/test/resources/drivers/chromedriver");
    driver = new ChromeDriver();
    driver.get("http://demo-store.seleniumacademy.com/");

}

@Test(dataProvider = "searchWords")
public void searchProduct(String searchWord, String items) {

    // 검색창을 찾아 검색어 입력
    WebElement searchBox = driver.findElement(By.name("q"));

    searchBox.sendKeys(searchWord);

    WebElement searchButton =
            driver.findElement(By.className("search-button"));

    searchButton.click();

    assertThat(driver.getTitle())
            .isEqualTo("Search results for: '" + searchWord + "'");

    List<WebElement> searchItems = driver
            .findElements(By.xpath("//h2[@class='product-name']/a"));

    assertThat(searchItems.size())
            .isEqualTo(Integer.parseInt(items));
}

@AfterMethod
public void tearDown() {
    driver.quit();
}
}
```

provide 메서드는 OpenCSV 라이브러리의 **CSVReader** 클래스로 CSV 파일을 파싱한다. **CSVReader** 클래스는 CSV 파일 경로, 구분자, 헤더 줄 수를 인자로 인스턴스를 생성한다. 헤더는 데이터가 아니므로 파일을 읽을 때 헤더의 줄 수만큼을 건너뛰고 데이터를 읽어들인다. 예제 코드는 다음과 같다.

```
@DataProvider(name = "searchWords")
public Iterator<Object[]> provider() throws Exception {

    CSVReader reader = new CSVReader(
            new FileReader("./src/test/resources/data/data.csv")
            , ',', '\'', 1);

    List<Object[]> myEntries = new ArrayList<Object[]>();
    String[] nextLine;
    while ((nextLine = reader.readNext()) != null) {
        myEntries.add(nextLine);
    }
    reader.close();
    return myEntries.iterator();
}
```

예제는 CSV 파일을 한 줄씩 읽어 객체 배열에 복사하고 테스트 메서드로 반환한다. 테스트 메서드는 CSV 파일 한 줄당 하나씩 테스트를 수행한다.

엑셀 파일에서 데이터 읽어오기

마이크로소프트 엑셀은 테스트 데이터와 테스트 케이스 관리용으로 널리 쓰인다. CSV 파일과 비교해보면 엑셀은 다양한 기능과 구조화된 데이터 저장방식을 제공한다. 테스터는 엑셀로 테스트 데이터를 쉽게 만들고 관리할 수 있다.

src/test/resrouces/data 폴더에 엑셀 파일 data.xlsx 를 만든 후 그림과 같이 내용을 채워보자.

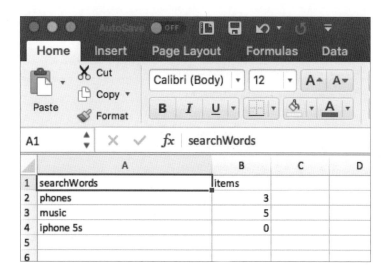

이 절에서는 엑셀을 데이터 소스로 사용하고, 아파치 재단에서 개발한 Apache POI API 로 엑셀 파일을 읽어들인다.

SpreadsheetData 클래스를 사용해 엑셀 파일에서 데이터를 읽어오도록 provider() 메 서드를 수정해보자.

```
@DataProvider(name = "searchWords")
public Object[][] provider() throws Exception {
    SpreadsheetData spreadsheetData = new SpreadsheetData();
    return spreadsheetData.getCellData("./src/test/resources/data/data.
    xlsx");
}
```

SpreadsheetData 클래스는 책에 쓰인 예제 코드에 포함돼 있다. SpreadsheetData 클래 스로 .xls 와 .xlsx 파일을 모두 읽어들일 수 있다.

```
public class SpreadsheetData {
    public String[][] getCellData(String path) throws
```

```
InvalidFormatException, IOException {
        FileInputStream stream = new FileInputStream(path);
        Workbook workbook = WorkbookFactory.create(stream);
        Sheet s = workbook.getSheetAt(0);
        int rowcount = s.getLastRowNum();
        int cellcount = s.getRow(0).getLastCellNum();
        String data[][] = new String[rowcount][cellcount];
        for (int rowCnt = 1; rowCnt <= rowcount; rowCnt++) {
            Row row = s.getRow(rowCnt);
            for (int colCnt = 0; colCnt < cellcount; colCnt++) {
                Cell cell = row.getCell(colCnt);
                try {
                    if (cell.getCellType() == cell.CELL_TYPE_STRING) {
                        data[rowCnt - 1][colCnt] = cell.getStringCellValue();
                    } else {
                        data[rowCnt - 1][colCnt] = String.valueOf(cell.
                        getNumericCellValue());
                    }
                } catch (Exception e) {
                    e.printStackTrace();
                }
            }
        }
        return data;
    }
}
```

테스트를 실행하면 provider() 메서드는 SpreadsheetData 클래스 인스턴스를 만들고
엑셀 파일을 한 줄씩 읽어서 컬렉션을 만들어 반환한다.

```
InputStream spreadsheet = new
FileInputStream("./src/test/resources/data/data.xlsx");
return new SpreadsheetData(spreadsheet).getData();
```

테스트 러너는 provider() 메서드가 반환한 데이터 컬렉션 한 줄당 하나씩 테스트 데이터를 테스트 클래스 생성자에 파라미터로 전달해 테스트 케이스 클래스 인스턴스를 만들고 모든 테스트를 수행한다.

▌ 요약

11장에서는 TestNG 기능으로 파라미터화 테스트와 데이터 주도 테스트를 만드는 주요 기술에 대해 살펴보았다. 이는 높은 유지보수성과 최소한의 코드로 신뢰성이 높은 테스트를 만들어 테스트 커버리지를 높이게 해준다. 그리고 CSV와 엑셀 파일에서 데이터를 읽어오는 방법도 살펴봤다.

▌ 질문

1. 테스트 주도 테스트에 대해 설명하시오.
2. 예, 아니요: 셀레늄은 데이터 주도 테스트를 지원하는가?
3. TestNG로 데이터 주도 테스트를 만들 때 사용하는 두 개의 메서드는?
4. TestNG의 DataProvider 메서드에 대해 설명하시오.

▌ 더 살펴보기

다음 링크에 11장에서 다룬 내용에 대한 더 자세한 정보가 있다.

- TestNG 데이터 주도 기능에 대한 더 많은 내용을 https://testng.org/doc/documentation-main.html#parameters에서 볼 수 있다.

- 아파치 POI 라이브러리에 대한 더 많은 내용을 https://poi.apache.org/에서 볼 수 있다.

연습문제

▌ 1장

1. 예, 아니요: 셀레늄은 브라우저 자동화 라이브러리다.

    예.

2. 셀레늄에서 제공하는 지정자 방식에는 어떤 것들이 있는가?

    지정자 방식에는 ID, Name, ClassName, TagName, Link, LinkText, CSS 셀렉터, XPATH 등이 있다.

3. 예, 아니요: `getAttribute()` 메서드로 CSS 속성값을 읽어올 수 있는가?

    아니요. CSS 속성값을 가져오려면 `getCssValue()` 메서드를 사용해야 한다.

4. 웹 엘리먼트에서 실행 가능한 액션에는 어떤 것들이 있는가?

    클릭, 글자 입력(sendKyes), 제출 등의 액션이 가능하다.

5. 체크박스의 선택 여부를 확인하려면 어떻게 해야 하는가?

    `isSelected()` 메서드를 사용한다.

▌ 2장

1. 웹드라이버가 W3C 표준에 포함되었다는 의미는 무엇인가?

    웹드라이버가 W3C 표준에 들면서 브라우저는 월드와이드 웹 컨소시움(줄여서 W3)에서 정의한 웹드라이버 스펙을 준수해야 한다. 브라우저 제작사는 HTML5나 CSS 같은 주요 W3C 스펙처럼 웹드라이버를 지원하게 된다.

2. 예, 아니요: 웹드라이버는 인터페이스인가?

    예.

3. 헤드리스 모드를 지원하는 브라우저는 어떤 것이 있는가?

    구글 크롬과 모질라 파이어폭스.

4. 크롬에서 모바일 웹사이트를 테스트하는 방법은 무엇인가?

    모바일 에뮬레이션 기능을 이용한다.

▌ 3장

1. 자바 스트림 API 는 어느 버전에 도입되었는가?

    자바 8

2. 스트림 API 중 filter 함수에 대해 설명해보자.

    자바 스트림 API는 입력한 조건식으로 스트림을 필터링하는 filter() 메서드를 제공한다. 페이지에서 보이는 모든 링크 엘리먼트를 가져오려면, 다음과 같이 filter() 메서드를 사용해 리스트를 반환할 수 있다.

```
List<WebElement> visibleLinks = links.stream()
    .filter(item -> item.isDisplayed())
    .collect(Collectors.toList());
```

3. filter 함수로 필터링한 엘리먼트의 개수를 구하려면 어떤 스트림 API를 사용해야 할까?

    count()

4. 예, 아니요: map() 함수를 사용하면 웹 엘리먼트 리스트를 속성값으로 필터링할 수 있다.

    아니요.

4장

1. 스크린샷 출력에 사용할 수 있는 포맷에는 어떤 것들이 있는가?

    OutputType 인터페이스는 스크린샷 출력에 BASE64, BYTES, FILE 포맷을 지원한다.

2. 셀레늄에서 다른 브라우저 탭으로 전환하는 방법은?

    driver.switchTo().window() 메서드로 다른 브라우저 탭으로 전환할 수 있다.

3. 예, 아니요: defaultContent() 메서드는 이전에 선택했던 프레임으로 전환한다.

    아니요. defaultContent() 메서드는 페이지를 전환한다.

4. 셀레늄에서 사용 가능한 내비게이션 메서드는 어떤 것이 있는가?

    Navigate 인터페이스는 to(), back(), forward(), refresh() 메서드를 지원한다.

5. 셀레늄에서 쿠키를 추가하는 방법은?

    driver.manage().addCookie(Cookie cookie) 메서드를 사용해 쿠키를 추가할 수 있다.

6. 묵시적 대기와 명시적 대기의 차이를 설명하시오.

묵시적 대기는 웹드라이버 인스턴스에서 한 번만 설정할 수 있다. findElement 가 호출되면 설정된 값만큼 기다리게 된다. 설정한 시간 내에 DOM을 찾지 못하면 NoSuchElementFound 익셉션을 발생시킨다.

명시적 대기는 지정된 조건에 따라 기다린다(예를 들어 엘리먼트의 보임/숨김 상태, 제목 변경, 엘리먼트 속성 변경, 엘리먼트가 변경 가능한 상태, 사용자 설정 조건). 명시적 대기는 묵시적 대기와 다르게 DOM 상태를 지정된 시간 동안 주기적으로 조건과 맞는지 확인한다. 지정한 시간을 넘기면 익셉션을 발생시킨다. ExpectedConditions 클래스로 다양한 조건을 설정해 명시적 대기를 사용할 수 있다.

▌ 5장

1. 예, 아니요 – 드래그 앤 드롭 액션은 대상 엘리먼트와 내려놓을 엘리먼트가 꼭 있어야 한다.

예.

2. 액션 API를 통해 실행할 수 있는 키보드 메서드를 나열해보라.

sendKeys(), keyUp(), keyDown().

3. 더블클릭 동작을 수행하는 데 사용하는 액션 API는 무엇인가?

doubleClick(WebElement target).

4. 액션 API를 사용해서 저장(보통 Ctrl + S로 부르는)을 수행하는 방법은?

```
new Actions(driver).sendKeys(Keys.chord(Keys.CONTROL, "s"))
    .perform();
```

5. 액션 API로 컨텍스트 메뉴를 여는 방법은?

contextClick() 메서드를 호출한다.

6장

1. 예, 아니요 − `WebDriverEventListener`로 웹드라이버 이벤트를 수신할 수 있는가?

   예.

2. WebDriverEventListener로 `sendKey` 메서드를 사용하기 전에 자동으로 입력 폼을 초기화하는 방법은?

   `beforeChangeValueOf()` 이벤트 처리 메서드에서 `WebElement.clear()` 메서드를 호출한다.

3. 예, 아니요 − 셀레늄은 접근성 테스트를 지원하는가?

   아니요. 셀레늄은 접근성 테스트를 지원하지 않는다.

7장

1. 예, 아니요: 셀레늄 테스트를 원격 기기에서 수행할 수 있는가?

   예.

2. 원격 기기에서 테스트를 수행할 때 사용하는 드라이버 클래스는 무엇인가?

   `RemoteWebDriver` 클래스.

3. `DesiredCapabilities` 클래스에 대해 설명하라.

   `DesiredCapabilities` 클래스는 테스트 스크립트가 리모트 웹드라이버에서 특정한 브라우저를 지정할 때 사용한다. 예를 들어 리모트 웹드라이버에 `DesiredCapabilities` 클래스로 브라우저 이름, 운영체제, 버전을 지정할 수 있다. 셀레늄 단독 서버는 설정된 조건에 맞는 노드를 찾아 테스트를 실행한다.

4. 셀레늄 테스트와 셀레늄 Standalone 서버 사이에는 어떤 프로토콜을 사용하는 가?

   JSON 와이어 프로토콜.

5. 셀레늄 Standalone 서버는 몇 번 포트를 기본 포트로 사용하는가?

   4444번 포트.

▌ 8장

1. 노드에서 특정 브라우저의 인스턴스 개수를 지정하는 파라미터는 무엇인가?

   maxInstances

2. 셀레늄 그리드가 크로스 브라우저 테스트를 지원하는 방법을 설명하시오.

   셀레늄 그리드를 사용해 다양한 브라우저와 운영체제에 따른 노드를 설정해 분산 구조에서 테스트를 수행할 수 있다. 셀레늄 그리드는 테스트에서 설정한 조건에 따라 사용 가능한 노드를 찾아 테스트를 수행한다. 테스트에 필요한 크로스 브라우저 테스트 조합의 표를 만들어 필요한 만큼 노드를 추가할 수 있다.

3. 리모트 웹드라이버로 셀레늄 그리드에서 테스트를 실행할 때 지정해야 하는 URL은 무엇인가?

   http://그리드 서버의 호스트 이름이나 IP:4444/wd/hub

4. 예, 아니요: 셀레늄 그리드 허브는 로드밸런서로 동작한다.

   예. 셀레늄 그리드 허브는 사용 가능한 노드를 기반으로 분산 테스트를 수행한다.

▌ 9장

1. PageFactory로 구현한 페이지 객체를 초기화하는 방법은?

   `PageFactory.initElements(driver, pageObjectClass)`

2. 페이지가 정상적으로 로드되었는지 확인하는 메서드를 구현하려면 어떤 클래스를 사용해야 하는가?

   `LoadableComponent`

3. `@FindBy` 어노테이션에서는 어떤 `By class` 메서드를 지원하는가?

   `ID, Name, ClassName, TagName, Link, PartialLinkText, CSS Selector, XPATH`

4. 예, 아니요: PageFactory를 사용할 때 웹 엘리먼트 이름을 ID나 name 속성과 똑같이 맞추면 `@FindBy` 어노테이션을 사용하지 않아도 되는가?

   예. 웹 엘리먼트 변수 이름을 엘리먼트의 `id`나 `name` 속성과 똑같이 맞추면 `@FindBy` 어노테이션을 사용하지 않아도 PageFactory가 맞춰서 연결해준다.

▌ 10장

1. 모바일 앱의 유형에는 어떤 것들이 있는가?

   네이티브, 하이브리드, 모바일 웹 애플리케이션.

2. Appium 자바 클라이언트 라이브러리에서 iOS와 안드로이드 애플리케이션 테스트용으로 제공하는 클래스 이름은 무엇인가?

   `AndroidDriver`와 `IOSDriver`

3. 컴퓨터에 USB로 연결된 안드로이드 기기 목록을 보는 명령어는 무엇인가?

   `adb devices`

4. Appium 서버의 기본 포트는 몇 번인가?

4723번 포트.

▌ 11장

1. 테스트 주도 테스트에 대해 설명하시오.

데이터 주도 테스트는 테스트 자동화 프레임워크 접근 방식으로 테스트 데이터를 표나 스프레드시트 포맷으로 작성해 저장하고, 하나의 테스트 스크립트에서 한 줄씩 읽어들인 각 데이터를 입력된 테스트 케이스와 기대값으로 테스트를 수행할 수 있다. 테스트 스크립트는 재사용 가능하며, 데이터 조합을 늘림으로써 테스트 커버리지를 높일 수 있다.

2. 예, 아니요: 셀레늄은 데이터 주도 테스트를 지원하는가?

아니요.

3. TestNG로 데이터 주도 테스트를 만들 때 사용하는 두 개의 메서드는?

TestNG는 데이터 주도 테스트를 위해 `Suite Parameters`와 `Data Providers` 메서드를 제공한다.

4. TestNG의 `DataProvider` 메서드에 대해 설명하시오.

`DataProvider` 메서드는 `@DataProvider` 어노테이션을 사용하는 TestNG의 특별 메서드로 객체 배열을 반환한다. 데이터 프로바이더를 사용해 CSV나 엑셀 같은 표 형식의 데이터 포맷을 읽어 테스트 케이스를 수행한다.

찾아보기

Selenium을 활용한 테스트 자동화 2/e
W3C 표준 웹드라이버로 만드는 테스트 스크립트

발 행 | 2022년 1월 3일

지은이 | 언메시 건데차 · 사티야 아바사알라
옮긴이 | 김 유 성

펴낸이 | 권 성 준
편집장 | 황 영 주
편 집 | 조 유 나
디자인 | 윤 서 빈

에이콘출판주식회사
서울특별시 양천구 국회대로 287 (목동)
전화 02-2653-7600, 팩스 02-2653-0433
www.acornpub.co.kr / editor@acornpub.co.kr